W0376980

© 2000 Éditions Charles Massin
16-18, rue de l'Amiral-Mouchez - 75686 Paris Cedex 14
Tél. 01 45 65 48 48

Tous droits de reproduction, de traduction et d'adaptation réservés pour tous pays.
ISSN : 1285-2872
ISBN : 2-7072-0419-6

Dominique Martignole

1, 2, 3... Cadres

Techniques d'encadrement

créations
massin

Histoire d'un outil

Le Biseaupratic

Pourquoi ai-je inventé ce petit appareil ? Étant fan d'encadrement, c'est lors de démonstrations des rudiments de l'encadrement à des débutants que je me suis aperçue qu'une des premières difficultés qu'ils rencontraient était l'habillage des biseaux. Lors de mon apprentissage, on m'a montré la coupe des bandes de papier à l'aide du gabarit d'angle à 45°. Et bien sûr, en prenant les repères **sur le dessus du carton à biseau**, il y avait toujours une petite rectification à apporter pour tomber juste dans la pente du biseau. L'angle du dessus du carton étant à 45°, celui de la pente ne pouvait en aucun cas être le même. J'ai donc calculé cet angle, et les premiers gabarits que j'ai réalisés m'ont permis de vérifier auprès de débutants que l'utilisation d'un tel appareil ne pouvait que leur faciliter l'habillage des biseaux.

Ainsi est né le **Biseaupratic** tout à fait par hasard, un jour de 1995.

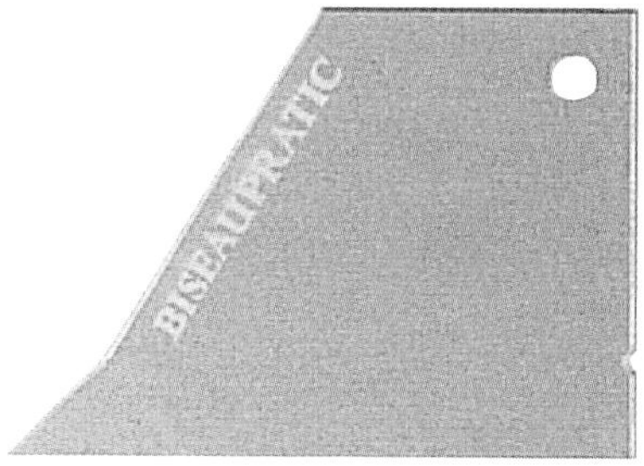

Pourquoi ce livre ?

Pour vous faire partager ma passion et vous faire découvrir le plus simplement possible les montages de base de l'encadrement d'art.

« Il faut que la fin d'un ouvrage fasse toujours souvenir du commencement. »

Joseph Joubert, *Pensées*.

Je souhaite y parvenir !

« Il y a très loin de la velléité à la volonté, de la volonté à la résolution, de la résolution au choix des moyens, du choix des moyens à l'application. »

Jean-Paul de Gondi, cardinal de Retz, *Mémoires*.

Les moyens sont simples. Cependant, pour réussir vos encadrements, il est nécessaire d'assimiler la base, c'est-à-dire : comment faire un cadre avec biseau ; c'est le point de départ incontournable qui vous mènera aux réalisations suivantes.

Puis, ayant affiné vos connaissances par vos réalisations, laissez-vous prendre par les biseaux français et leurs multiples définitions.

J'ai commencé l'encadrement en 1986. Cette passion m'a prise alors que notre quatrième enfant avait un an. J'ai commencé par encadrer les peintures de ma mère. Depuis je n'ai cessé de chercher, de progresser et de créer, pour mon plus grand bonheur.

« Le mot ne manque jamais quand on possède l'idée. » Gustave Flaubert

Je dirai : « Les mains façonnent l'idée. »

En 1995, j'ai créé un petit outil : le **Biseaupratic**, pour faciliter l'habillage des biseaux, puis en 1999 des pochoirs à lavis. L'expérience que j'ai acquise au fil des années en donnant des cours se concrétise aujourd'hui par la réalisation de ce livre.

Je souhaite que vous le parcourriez avec autant de plaisir que j'ai eu à le faire.

Dominique Martignole

Colette

re de Bécassine

Sommaire

Matériel

L'outillage de base représente un investissement que vous ne devez pas négliger.

Ces photos vous donnent un aperçu du **matériel « outillage »**. Le **matériel** complémentaire se compose des éléments suivants :

♦ Carton bois de 2 mm dit « carton de fond » avec l'anneau.

♦ Carton bois de 0,7 à 0,8 mm dit carte bulle ou cartonnette support du sujet.

♦ Carton bois de 3 à 4 mm dit carton à biseau ouvert à 90° ou 45° à une marge déterminée.

♦ Passe-partout ou cache (ouvert à la même marge) appelé à tort Marie-Louise ou Marquise qui est soit un contrecollé (de couleurs variées) soit une carte bulle habillée de papier ou de tissu contrecollé.

♦ Le verre : 2 mm d'épaisseur (ou 3 mm pour les grands cadres).

♦ La baguette ou moulure qui entoure le cadre.

Dans certains montages que nous abordons avec les biseaux français et dérivés, on utilise plusieurs cartons de 3 mm dits cartons à biseau et parfois plusieurs cartes bulle.

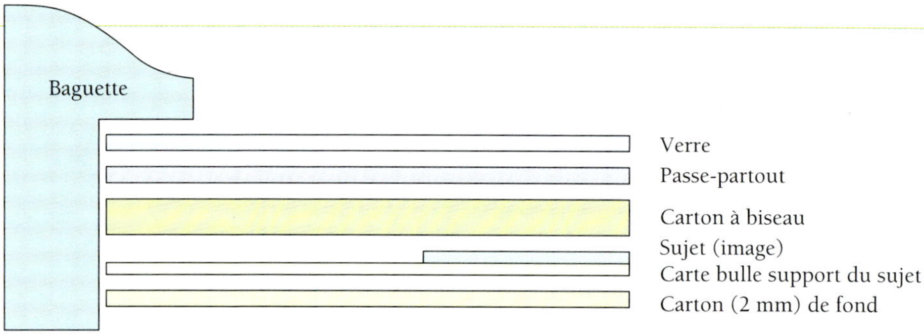

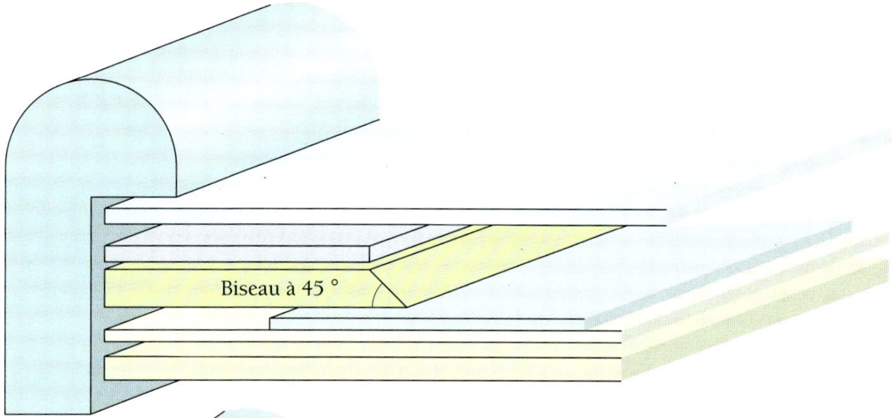

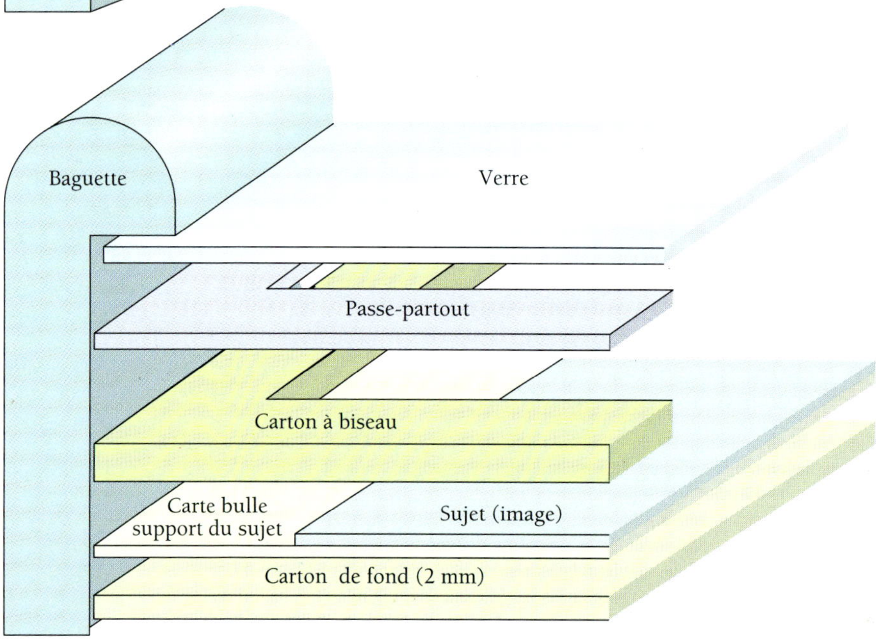

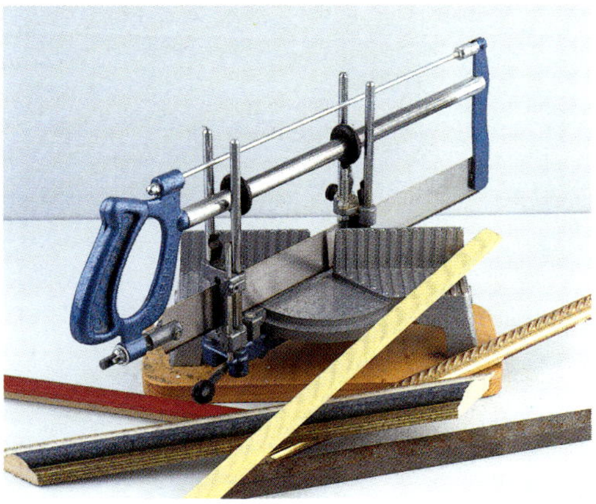

Scie à onglets. Coupes à 45°, exagonales, octogonales.

Presse à cadres à « feuillard »

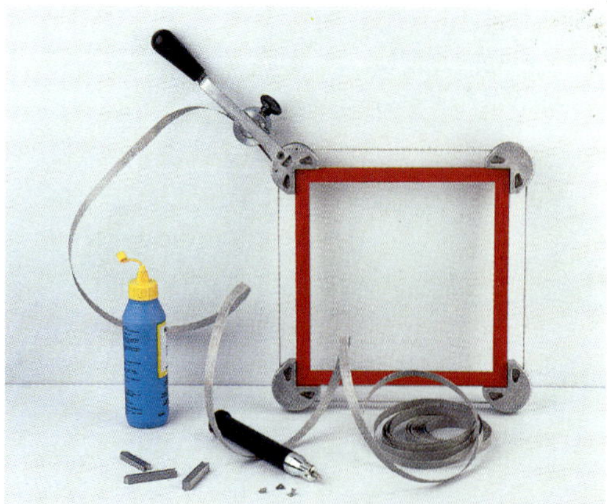

1 Équerre en acier sans talon
2 Kraft gommé blanc de 24 mm
3 Kraft gommé de 24 mm
4 Adhésif repositionnable
5 Kraft gommé de 36 mm
6 Marteau d'encadreur
7 Tournevis
8 Pince
9 Vrille
10 Biseaupratic
11 Gabarit à filets
12 Pinces à dessin
13 Mètre ruban
14 Compas pointes sèches
15 Cutter courbe
16 Cutter droit
17 Double lame pour filet
18 Petit cutter ou stylet
19 Réglet
20 Ciseaux pointus
21-22 Pinceaux
23 Coupe verre
24 Pince à épiler
25 Chasse clou
26 Clous 0,9 x 1,5 cm et 0,9 x 2 cm
27 Épingles à tête ronde
28 Anneau avec lacet métallique
29 Colle vinylique blanche
30 Règle lourde
31 Poncette (papier de verre de différents grammages)
32 Papier de verre
33 Appareil de coupe à 45°
34 Cube cutter
35 Stylo *Art-pen*
36 Porte mine
37 Tire-ligne
38-39 Gommes
40 Plioir
41 Compas
42 Compas à balustres
43 Gabarit d'angle à 45°

Cadre avec biseau

Les différentes étapes décrites dans le déroulement du montage du CADRE AVEC BISEAU sont la base de toutes celles qui vont suivre au cours de ce livre.

Il est indispensable de bien les acquérir pour continuer.

C'est le montage de base de tout cadre.

Matériel

- **Un carton de 2 mm pour le fond.**
- **Une carte bulle pour le sujet.**
- **Un carton de 3 mm pour le biseau.**
- **Un contrecollé ou une carte bulle pour le passe-partout.**
- **Le papier ou le tissu contrecollé dans le cas d'un passe-partout.**
- **Un verre aux dimensions du paquet.**
- **La baguette.**

Le biseau complète souvent la marge appelée incorrectement Marie-Louise ou Marquise, en donnant une profondeur au cadre.

Le biseau est généralement taillé dans un carton de 3 mm d'épaisseur. Il est soit :

– **droit** : la coupe se fait à 90° par rapport au carton ;

– **oblique** : la coupe se fait à 45° à l'aide de petits appareils ou à main levée, par rapport au carton.

Mesure de la fenêtre-image

La **fenêtre-image FI** est la partie visible du sujet. Pour la calculer il faut mesurer votre sujet. Prenons l'exemple d'un sujet de 20 cm x 30 cm.

Pour un sujet venant jusqu'au bord de l'image, vérifier en premier l'équerrage de l'image. Le corriger si nécessaire puis enlever 0,2 mm de chaque côté pour le recouvrement par le biseau.

Soit : 20 – (0,2 x 2) = 19,6 cm
30 – (0,2 x 2) = 29,6 cm

Mesures de base de la fenêtre image pour calculer la marge : **19,6 cm x 29,6 cm.**

Pour un sujet possédant un espace, soit blanc, soit une inscription (cas d'une eau-forte) ou une signature.

Calculer votre fenêtre-image en tenant compte de la mesure du sujet + cet espace supplémentaire.

Soit : 20 + 1,5 cm = 21,5 cm
30 + 1,5 cm = 31,5 cm

Mesures de base de la fenêtre-image pour calculer la marge : **21,5 cm x 31,5 cm.**

Pour une inscription, l'espace laissé en bas est en général une fois et demi celui laissé sur les côtés (ex. : 1 cm sur 3 côtés et 1,5 cm en bas).

Calcul de la marge

La marge M est la partie se situant entre le sujet et le bord extérieur du montage (ou de la baguette). Elle est souvent incorrectement appelée Marie-Louise ou Marquise (voir *Lexique*, page 91). Elle se trouve sur **le passe-partout ou cache.**

Elle peut être vierge ou garnie ; soit de filets à l'encre de chine (ou feutre Rotring), soit de lavis de différentes sortes, ou encore de bandes de papiers (reliure, de couleurs).

Elle ne doit jamais faire la largeur de la baguette, ni son double. En principe, elle est égale de chaque côté du sujet. Pour augmenter la marge du bas on peut appliquer la *règle d'or* (schéma 1) ou opter pour une autre solution : marge égale sur 3 côtés et marge + 1/2 marge en bas (schéma 2), soit **M + 1/2 M**, en bas.

La marge varie pour les biseaux décalés où le sujet peut se trouver dans un angle supérieur ou inférieur du cadre (schéma 3).

Tous les éléments composant le cadre sont coupés à ces dimensions :

H = Hauteur FI + (2 x la marge)

L = Largeur FI + (2 x la marge)

Schéma 1. **Application de la règle d'or** (voir *Lexique*, page 91).

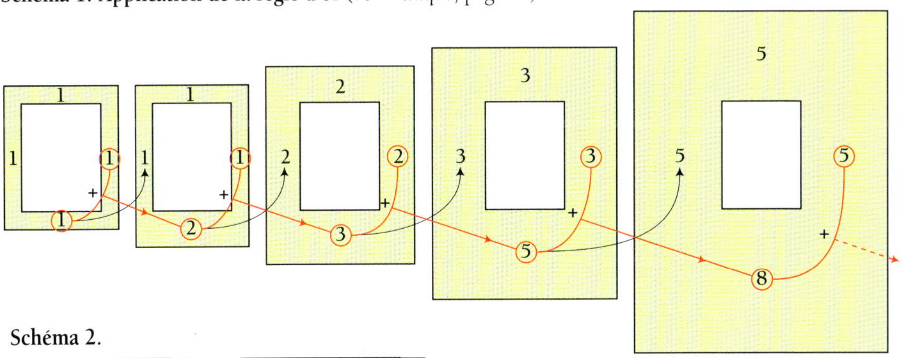

Schéma 2.

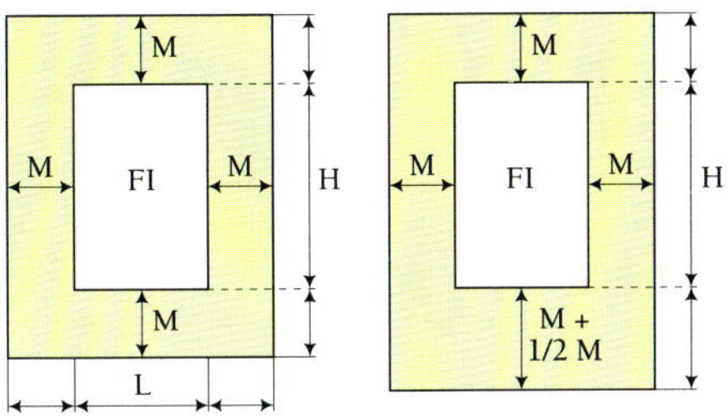

Schéma 3.

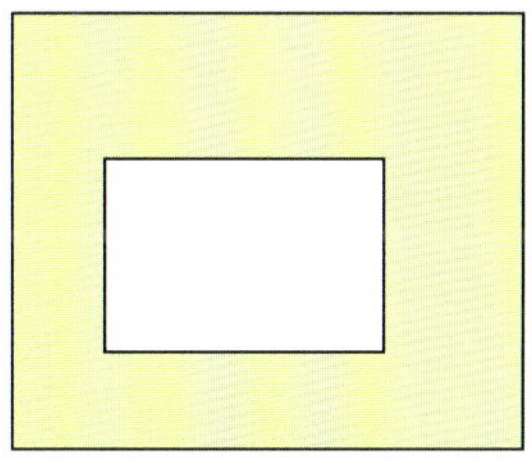

Biseau décalé en bas à gauche

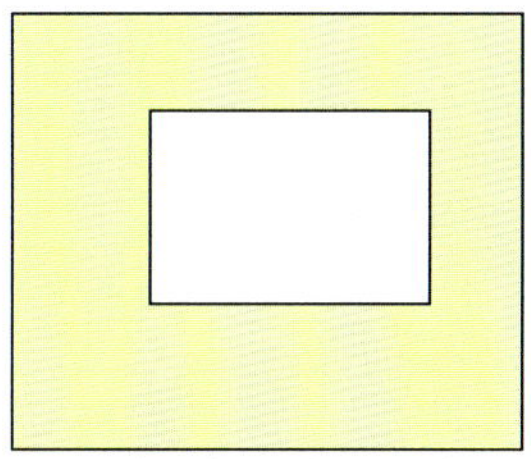

Biseau décalé en haut à droite

Cadre avec biseau (suite)

Équerrage des cartons

Avant de commencer la coupe des différents cartons, il est indispensable de vérifier leur équerrage.

Poser la règle lourde au bord de votre carton, et couper à quelques millimètres. Remettre la règle le long de cette coupe, contre le bord extérieur, puis avec votre réglet et votre équerre, faire un tracé perpendiculaire sur la hauteur du carton. Couper suivant ce trait.

Votre carton ainsi coupé à angle droit, vous pouvez prendre les mesures de votre futur cadre. Après chaque coupe, vérifier la perpendicularité. Utiliser votre équerre en acier (schéma 4).

Schéma 4.

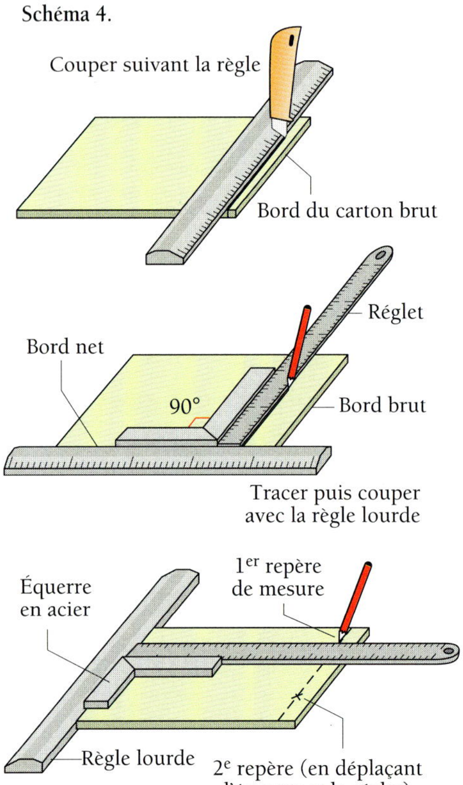

Coupe des différents éléments

Couper aux mesures déterminées plus haut :

– un carton de fond de 2 mm ;

– une carte bulle pour fixer le sujet ;

– un carton à biseau de 3 mm ;

– un contrecollé ou une carte bulle + tissu contrecollé ou papier pour le passe-partout.

Une fois coupé, mettre un repère sur chaque élément du futur cadre (sauf sur le dessus du contrecollé) : un **X** à droite en bas sur le dessus ; un petit **O** sur le dessous à gauche (schéma 5).

Schéma 5.

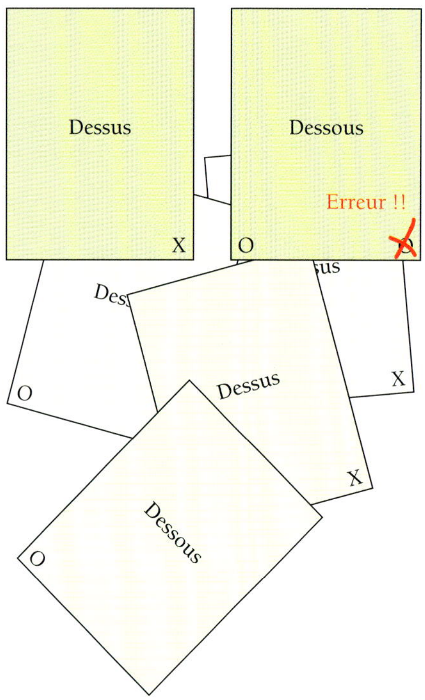

Pose de l'anneau

Prendre le carton de fond de 2 mm. À environ 4 à 5 cm dans la hauteur, repérer le milieu du carton. Entailler légèrement le carton au point de repère, puis enfiler le lacet métallique dans l'anneau, le plier à la pince, et le glisser dans la fente que vous venez de pratiquer, côté dos du carton de fond.

À l'intérieur du carton de fond, pratiquer une petite encoche, pour placer les pattes du lacet ; aplatir les lacets en rentrant les pointes dans le carton, puis coller une bande de kraft (schéma 6).

Pour la pose de deux anneaux, voir p. 90, *Conseils & Astuces*.

Schéma 6.

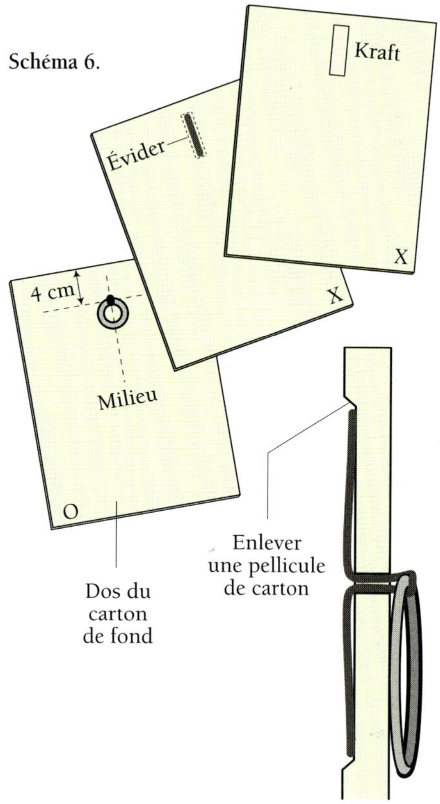

Ouverture du carton à biseau

Prendre le carton à biseau de 3 mm d'épaisseur.

Pour un biseau à 90° (schéma 7)

– Ouvrir le compas à pointes sèches à 5 cm (marge choisie dans notre exemple) ;

– Pointer suivant cette ouverture sur le pourtour du carton à biseau ;

– Faire le tracé suivant le pointage en vérifiant l'équerrage ;

– Faire un repère sur la ligne du bas ;

– Couper au cutter à 90° suivant ce tracé.

Schéma 7.

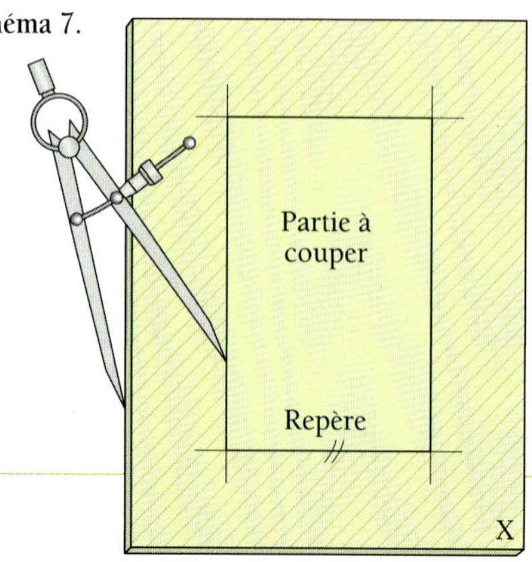

Attention, veillez toujours à tenir le compas à pointes sèches par sa patte fixe afin de ne pas en dérégler la molette.

Pour un biseau à 45°

Votre marge totale est de 5 cm.

Attention : la largeur de la pente du carton à biseau de 3 mm mesure 0,4 cm, ouvrir votre compas à pointes sèches à : 5 cm – 0,4 cm = 4,6 cm (celle d'un carton de 2 mm mesure 0,3 cm) (schéma 8a).

Schéma 8a.

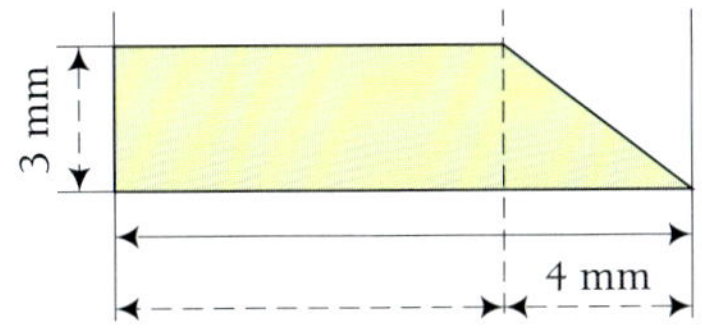

Carton de 3 mm (vue en coupe)

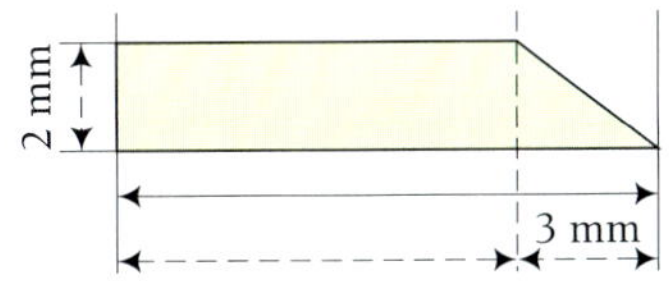

Carton de 2 mm (vue en coupe)

– pointer suivant cette ouverture sur le pourtour du carton à biseau (schéma 7) ;

– faire un tracé suivant ce pointage en vérifiant l'équerrage comme pour l'exemple précédent. Faire un repère sur la ligne du bas.

Avec l'appareil à biseauter (voir *Matériel*, page 10), ouvrir la fenêtre-image à 45° (schéma 8b).

Schéma 8b.

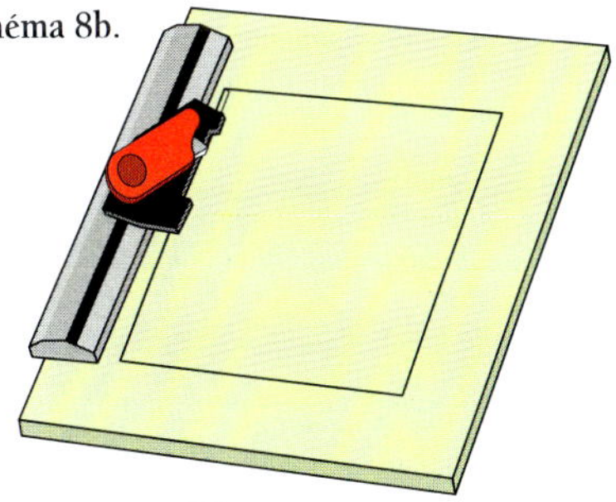

Schéma 8c.

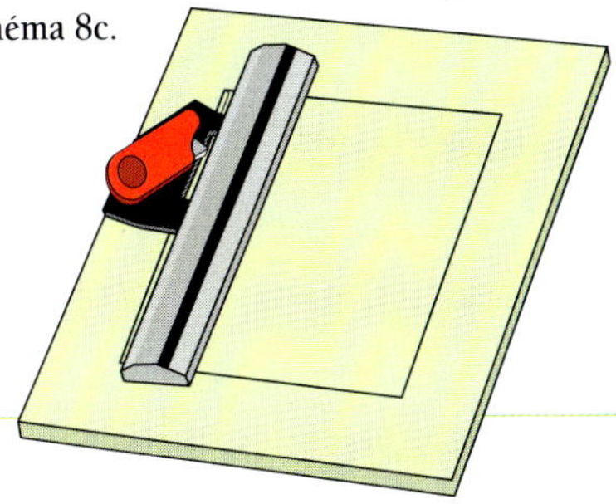

Petite technique pour les gauchers

Étant moi-même ambidextre, mais coupant plus facilement mes cartons de la main gauche, j'utilise les appareils à biseauter de la façon suivante.

Contrairement aux droitiers qui glissent l'appareil dans la rainure de leur règle pour la coupe à 45°, prendre l'appareil de la main gauche et appliquer le bord de coupe contre la règle lourde.

Décaler la règle lourde vers l'intérieur du carton à ouvrir à 45°, l'appareil se trouvant sur la ligne de marge de l'ouverture (schéma 8c).

Ouverture du passe-partout :

La méthode s'applique aussi bien pour le biseau à 90° qu'à 45°.

Dans le cas d'un contrecollé :

– poser le passe-partout (ou la carte bulle qui sert de passe-partout) sur l'envers (O en bas à gauche) ;

– mettre par dessus le carton à biseau de 3 mm ouvert + la partie centrale, le pavé (O en bas à gauche).

Fixer 4 « picots » sur le pavé.

Retirer la partie extérieure du carton à biseau. Tracer le contour du pavé. Retirer les picots.

Placer votre règle côté extérieur du tracé sur le passe-partout et ouvrir au cutter la fenêtre-image (schéma 9a).

Schéma 9a.

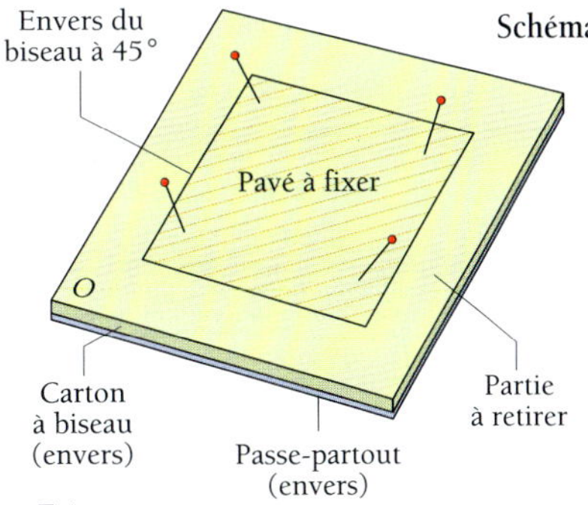

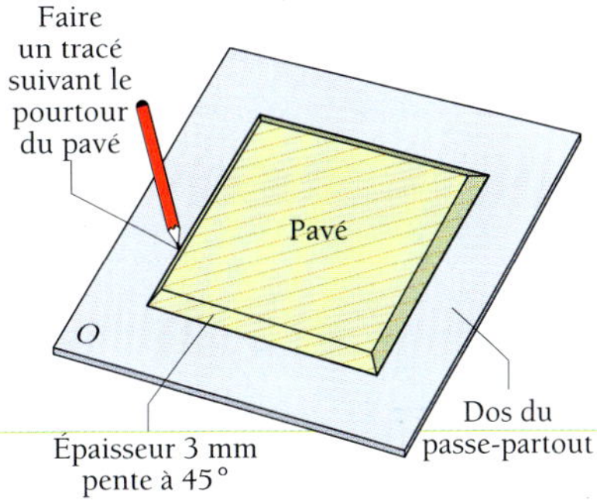

Dans le cas d'une carte bulle recouverte d'un papier (ou d'un tissu contrecollé) :

– opérer comme pour le contrecollé ;

– ouvrir la carte bulle. **Encoller celle-ci en plein à la colle vinylique** ;

– poser le revêtement choisi. Maroufler (voir *Lexique*, page 91) ;

– retourner l'ensemble. Couper le revêtement à 45° dans les angles et à 1 cm de la carte bulle . Remborder sur l'envers de la carte bulle. Mettre le montage sous presse (schéma 9b).

Schéma 9b.

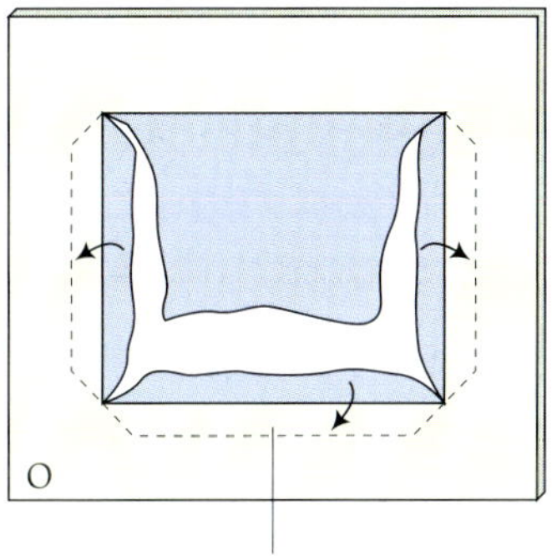

Coller sur l'envers de la carte bulle

Fixation de l'image

Reprendre la carte bulle sujet, y poser le carton à biseau ouvert, repère/repère (X en bas à droite.)

Tracer légèrement l'intérieur de la fenêtre-image sur la carte bulle. Retirer le carton à biseau et prolonger les traits de traçage.

Positionner votre image en fonction du repérage. Encoller la carte bulle en plein suivant l'emplacement de l'image.

Poser l'image. Maroufler et mettre sous presse.

Attention : certains sujets de valeur ne se collent pas, on utilise alors des bandes de kraft pré-encollé blanc. Chaque bande empiète de 1 à 2 mm sur le sujet.

Mouiller le sujet sur l'envers, l'appliquer sur la carte bulle support. Maroufler et krafter les côtés en parallèle. Mettre sous presse.

Cadre avec biseau (suite)

Habillage du biseau

Chaque biseau doit être habillé ou peint, qu'il soit à 90° ou à 45°.

Pour le peindre :

– passer de la colle diluée ;

– laisser sécher et appliquer un « jus d'aquarelle », de la gouache ou une peinture acrylique dans un des tons de votre sujet.

Dans la plupart des cas, il est habillé de papier ou de tissu contrecollé.

Pour un biseau à 90° :

Couper 4 bandes de 3 cm (largeur d'un réglet) dans le revêtement choisi. Marquer leur milieu au plioir. Leurs dimensions correspondent aux deux longueurs et aux deux largeurs intérieures du biseau + 5 cm.

Repérer la dimension du biseau à recouvrir. Couper perpendiculairement entre les deux points de repère sur une moitié de la bande. L'autre moitié est coupée à 45° vers l'extérieur de la bande (schéma 10).

Schéma 10.

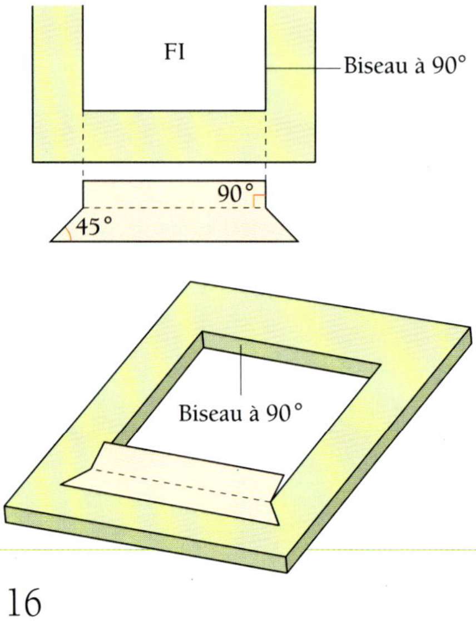

Encoller une première bande de papier en plein. Le trait de pliage est **sur l'arête supérieure de l'ouverture du carton à biseau** à 90°. Maroufler et rabattre au plioir sur le dessus et le dessous du carton à biseau. Faire de même pour les 3 autres côtés.

Pour un biseau à 45° :

Pour l'habillage de ce biseau, utilisez le **Biseaupratic** (voir page 10), qui vous facilitera la découpe des bandes d'habillage. Grâce à son angle et son encoche, les bandes sont toujours parfaitement ajustées.

À l'aide d'un réglet, préparer 4 bandes de 3 cm de large dans le revêtement choisi et aux dimensions des biseaux à recouvrir + 5 cm.

Plier chaque bande en deux et marquer légèrement la pliure au plioir.

Ouvrir une bande et poser le **Biseaupratic** sur celle-ci (schéma 11a).

Attention : la petite encoche et l'angle de cassure du **Biseaupratic** doivent impérativement se trouver sur la pliure de la bande.

Schéma 11a.

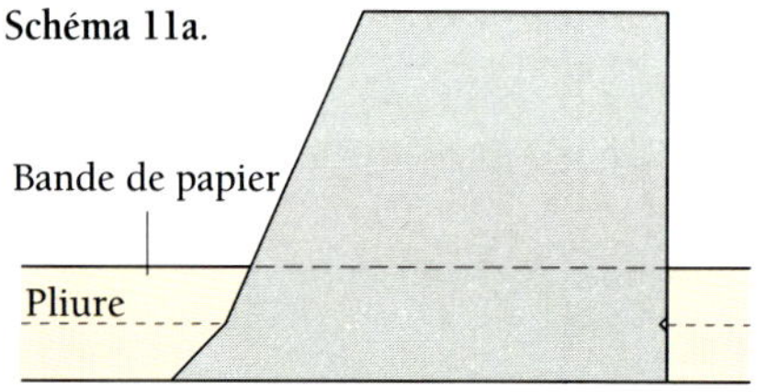

Marquer au plioir le tracé de l'angle. Couper suivant celui-ci. Replier la bande sur elle-même. La placer **sur l'arête supérieure du carton à biseau**. La découpe précédente doit se trouver sur l'angle gauche du dessus du carton à biseau.

Repérer au plioir le deuxième angle : angle droit du dessus du carton à biseau (schéma 11b).

Schéma 11b.

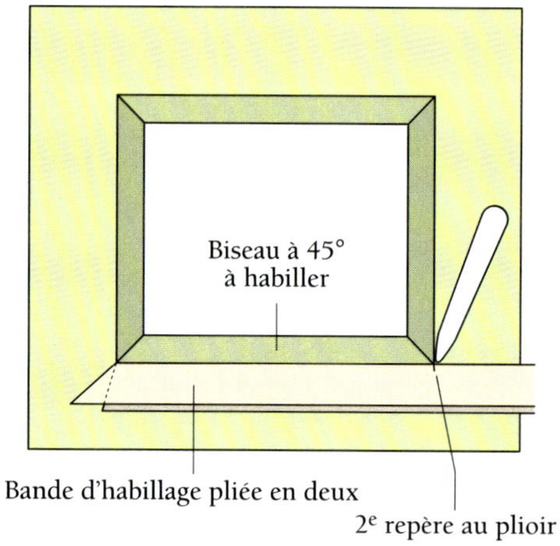

Ouvrir la bande. Prendre le **Biseaupratic** dans le sens inverse. Placer la cassure de l'angle sur le repère marqué précédemment. Marquer l'angle au plioir et couper suivant ce tracé (schéma 11c).

Schéma 11c.

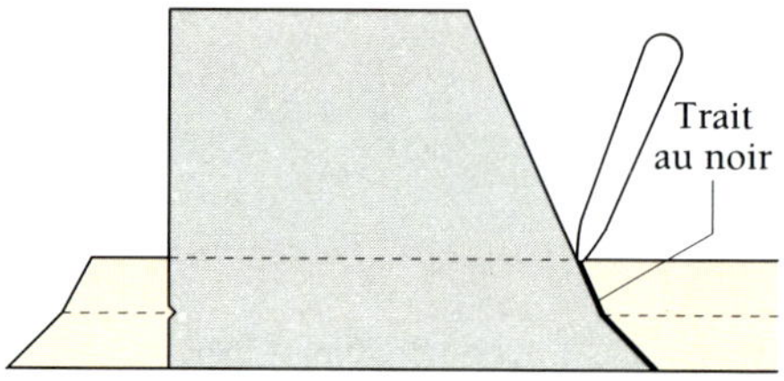

Encoller en plein la bande d'habillage ainsi réalisée. Placer la pliure de celle-ci **sur l'arête supérieure du carton à biseau**. À l'aide du plioir, remborder sur le dessous du carton à biseau (schéma 11d).

Schéma 11d.

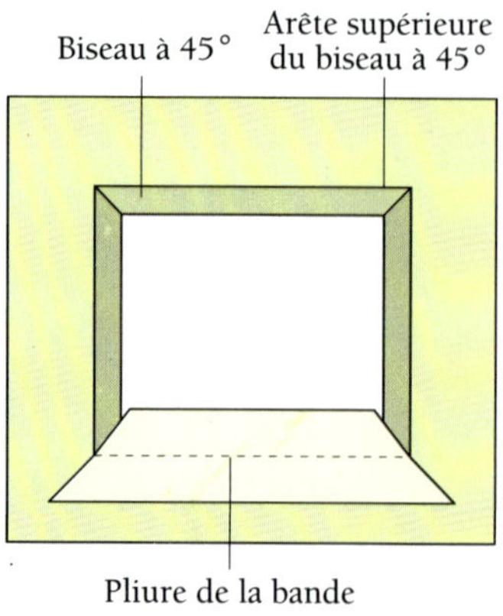

Finition du passe-partout

Reprendre le carton à biseau (biseaux habillés). Encoller le dessus jusqu'à 1 mm des bords du biseau. Poser le passe-partout sur le carton encollé. Maroufler. Mettre sous presse.

Pose de filets

Le filet est souvent une bande de papier de quelques mm de large ou une bande pliée en deux et coupée à 45° dans les angles (cas d'un filet posé sous le carton à biseau + passe-partout). Mais il peut aussi être posé sur une carte bulle ou sous carte.

Filet sur le passe-partout (photo ci-contre). Utiliser le gabarit à filets et lavis. Couper un carré de 5 cm de côté (dans du contrecollé ou du carton de 0,7 mm). Couper une bande de 15 cm x 2 cm. Coller la bande (schéma 12).

Schéma 12.

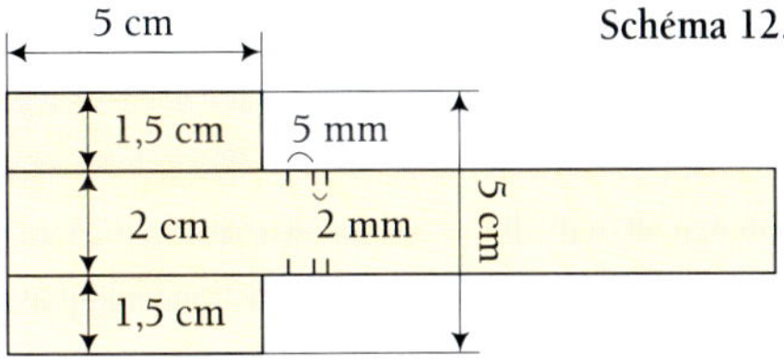

Poser le gabarit dans un angle de la fenêtre-image du passe-partout. Marquer légèrement au crayon deux repères sur le passe-partout. Faire de même pour les quatre angles. Joindre les repères au crayon (schéma 13).

Schéma 13.

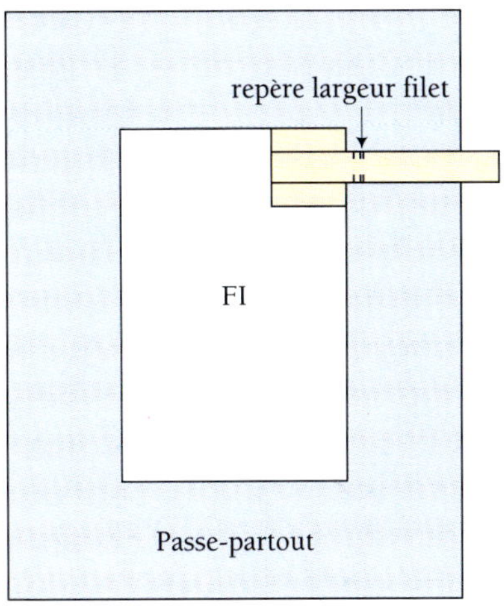

Préparer un autre gabarit (schéma 14) et couper un filet dans un papier de votre choix (type papier reliure) d'environ 4 mm à 5 mm de large (ou 2 à 3 mm suivant le gabarit).

Schéma 14.

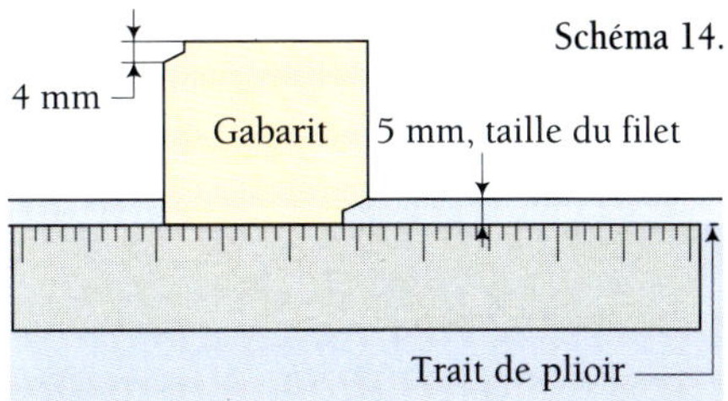

Avant de coller vos filets sur le passe-partout, à chaque angle, mettre un petit morceau de ruban adhésif repositionnable pour éviter que la colle fuse (schéma 15a). Mettre un peu de colle sur une chute de carton (ou une plaque de verre d'environ 10 cm x 30 cm). Faire glisser le filet le long de la colle. Poser le filet sur le repère du passe-partout. Maroufler au plioir.

Lorsque vos 4 filets sont collés, coupez les 4 angles à 45° (schéma 15a).

Schéma 15a.

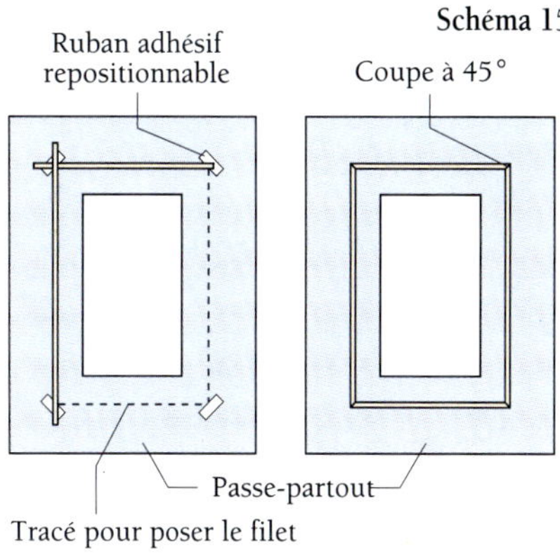

Cadre avec biseau (suite)

Filet sous le carton à biseau
(photo ci-dessus)

Avec 4 bandes de papier de 3 cm de large environ :

– 2 pour les longueurs de la fenêtre-image du carton à biseau (FI). Les plier en 2. Couper les 2 angles à 45° correspondant à l'ouverture de la FI. Les coller en parallèle sous l'ouverture du biseau. Les angles à 45° doivent se trouver parfaitement en prolongement de l'angle du carton à biseau.

– 2 pour les hauteurs de la FI. Les plier en 2 et les coller directement sous le carton à biseau sous les 2 précédentes (schéma 15b).

Schéma 15b.

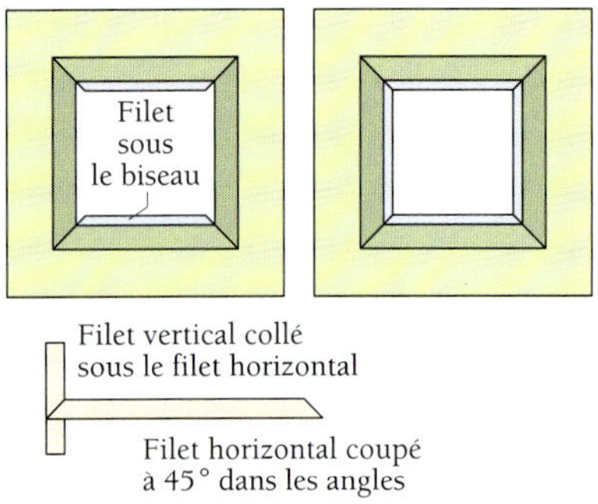

Avec une carte bulle ou sous carte :

ouverte **à la marge du carton à biseau + 1 à 2 mm**. Une fois coupée, on l'habille soit en plein comme un passe-partout (cf. plus haut), soit par des bandes coupées à 45° dans les angles, ce qui permet de varier la couleur des filets en fonction du sujet.

Filet sur le carton à biseau

C'est la même méthode que précédemment. Dans ce cas, le passe-partout est ouvert à **marge – 1 à 2 mm**, suivant la largeur du filet, afin d'insérer celui-ci entre le carton à biseau et le passe-partout pour qu'il soit visible (schéma 15c).

Schéma 15c.

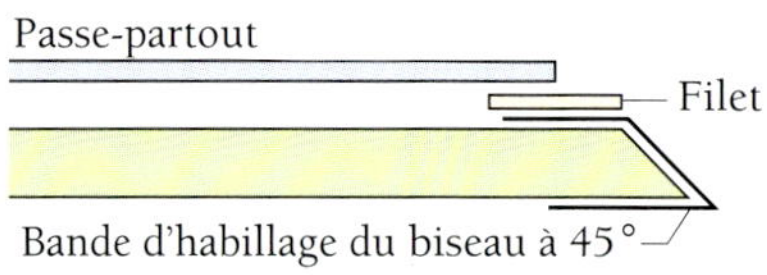

Le verre

On utilise généralement du verre de 2 mm d'épaisseur, plus rarement du 3 mm (dans le cas de grands cadres).

Il existe du verre anti-reflets, mais après des années d'expérience, je constate que le verre normal est celui qui restitue le plus exactement l'atmosphère du sujet dans le cadre.

Pour la coupe du verre, on utilise de petits appareils. Le mieux adapté est le coupe verre à molette et réserve de pétrole (voir *Matériel*, page 10).

Dans le cas d'un coupe verre sans réserve, tremper légèrement la molette dans le pétrole avant d'opérer la coupe de celui-ci. Penser à bien équerrer vos tracés avant de procéder à la coupe.

Les mesures du verre sont identiques à celles des éléments du montage.

Le paquet

Le paquet consiste à fermer le cadre, une fois tous ces éléments assemblés, en posant un kraft gommé à 1 mm sur le bord du verre.

Votre montage se superpose ainsi :

1. Carton à biseau de 2 mm avec son anneau krafté à l'intérieur.
2. Carte bulle 0,7 mm avec votre sujet fixé ou collé.
3. Carton à biseau de 3 mm dont le biseau doit être habillé.
4. Passe-partout collé en plein sur le carton à biseau.

Reprendre tous ces éléments (attention à les placer dans l'ordre et suivant les repères X et O). **Ne pas les coller**.

Nettoyer le verre, le poser sur l'ensemble et le fixer par 4 pinces (schéma 16a).

Schéma 16a.

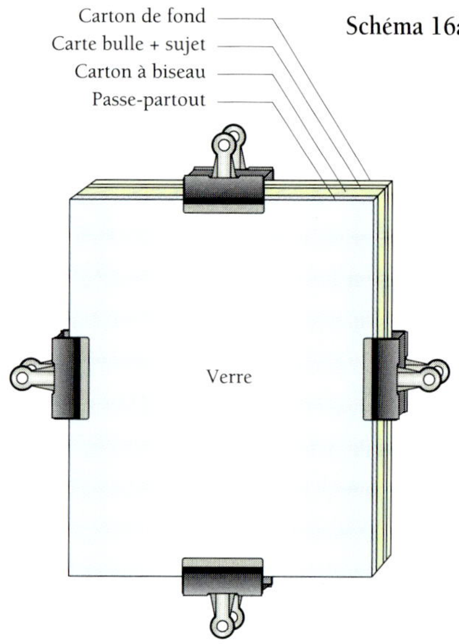

Dans le kraft gommé de 24 mm, couper 2 longueurs et 2 hauteurs correspondant aux dimensions du montage.

Travailler deux côtés en parallèle, puis les deux derniers de la même façon.

Mouiller une bande et la poser à 1 mm sur le bord du verre.

Rabattre la bande de kraft sur la hauteur du montage. Remborder sur le dessous du carton de fond (schéma 16b).

Schéma 16b.

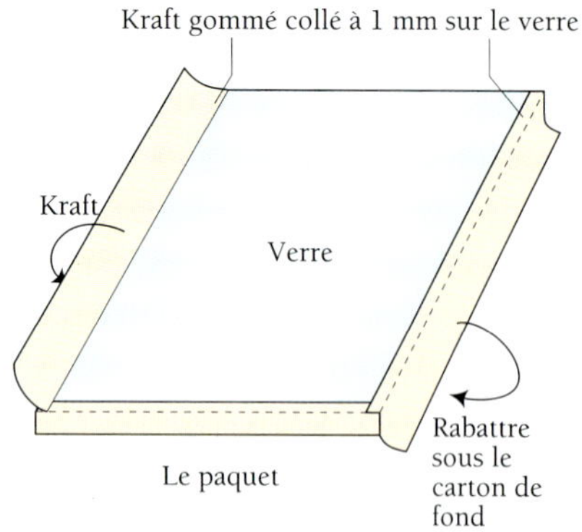

Le montage ainsi terminé, vous venez de réaliser votre premier **paquet** d'un cadre avec un biseau.

La phase finale consiste à poser la baguette qui cerne le cadre.

La baguette

Il existe dans le commerce une grande diversité de baguettes avec des finitions différentes. Le choix ne manque pas, mais vous pouvez aussi choisir une « moulure » en bois brut et la teinter vous-même (voir page 85).

Si vous décidez de vous équiper avec une scie à onglets (voir *Matériel*, page 10), il n'en manque pas non plus. Pour l'achat d'une scie de qualité correcte, penser à regarder les guides de la lame. Ceux-ci doivent être en métal et non en plastique.

Calcul de la longueur de la baguette

Lorsque votre cadre est terminé, c'est-à-dire que le paquet est fait, il faut choisir votre baguette.

Pour calculer la longueur de baguette nécessaire à votre cadre, prendre les deux hauteurs H + les deux largeurs L de votre paquet = un nombre X.

À ce nombre X, ajouter une marge de sécurité de 5 à 10 cm + 8 fois la largeur de la baguette.

Soit X + 10 + (8 x largeur baguette).

La largeur de la baguette se mesure sur le dessus de la baguette, y compris la feuillure. La feuillure de la baguette est la partie qui vient se poser sur le paquet. En général, sa taille varie de 4 à 5 mm jusqu'à 1 cm de large (schéma 17).

Schéma 17.

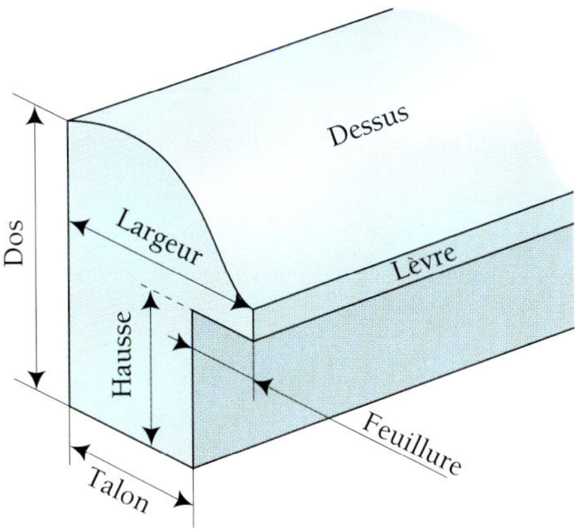

Coupe des différents côtés

Attention : reporter les mesures du paquet (hauteur et largeur) toujours côté intérieur de la baguette (qui s'applique sur le verre) c'est-à-dire côté feuillure.

Commencer toujours par les deux grands côtés. Ainsi, en cas d'erreur, vous pouvez les récupérer pour les petits côtés.

Soit H (hauteur du paquet) – (2 x larg. feuil.) + 2 mm (jeu nécessaire pour que le paquet rentre facilement dans le cadre en bois).

Même calcul pour la largeur.

Soit L (largeur du paquet) – (2 x larg. feuil.) + 2 mm.

Couper le 1er angle à 45°, puis placer la baguette contre votre réglet (déjà posé sur le bord d'une table à plus ou moins 3 mm du bord), en mettant l'angle de coupe au O du réglet.

Pointer le 2e angle à la dimension calculée précédemment. Puis, le couper à 45° (schéma 18).

Schéma 18.

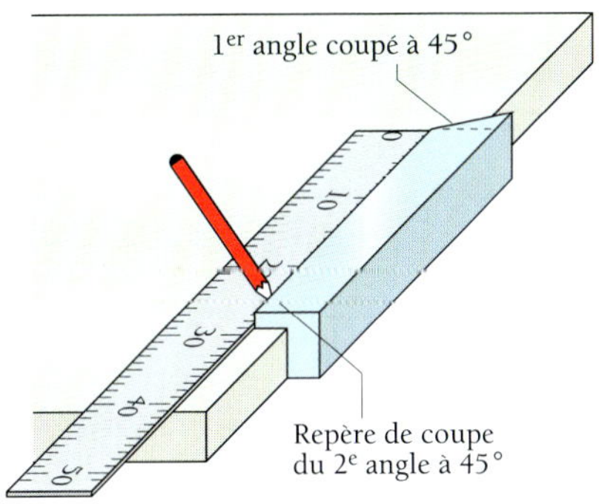

Répéter l'opération pour les petites largeurs.

Assemblage et finition du cadre

Encoller les angles de chaque morceau de baguette. Les serrer dans la presse à cadre. Laisser sécher (voir p. 10, *Le matériel*).

Il existe depuis peu un outil qui consolide à l'aide d'agrafes en L, le dos des cadres (comme les professionnels). C'est le **Push master**. D'une utilisation simple, je le trouve tout à fait adapté pour l'amateur.

Dans le commerce, vous pouvez facilement faire couper et assembler vos baguettes pour un prix modique.

Votre cadre ainsi assemblé, le poser **face envers** vers vous. Glisser le paquet dans la feuillure du cadre, puis à l'aide de petites pointes très fines, fixer le paquet au cadre, 3 à 4 pointes suffisent à fixer chaque côté (schéma 19a).

Attention : positionner les pointes obliquement et en surface du carton de fond, afin d'éviter que les pointes n'apparaissent sur le dessus de la baguette, une fois votre montage terminé. Ceci n'est valable bien sûr que s'il s'agit d'une petite baguette.

Schéma 19a.

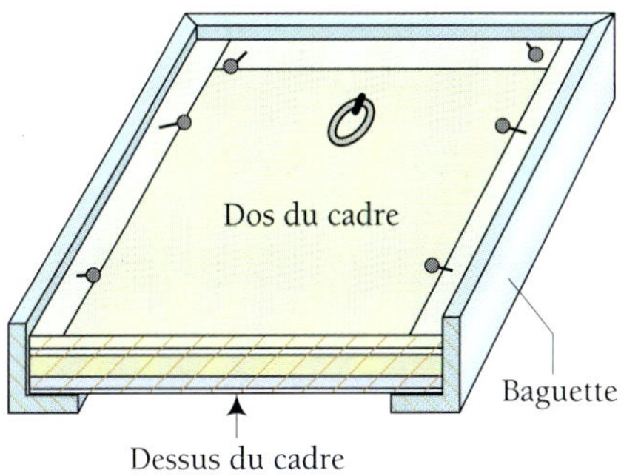

Terminer par 4 bandes de kraft gommé (de 36 mm de large) posées à cheval sur le montage et la baguette.

Comme pour le paquet, travailler toujours deux côtés en parallèle, puis terminer par les deux opposés (schéma 19b).

Schéma 19b.

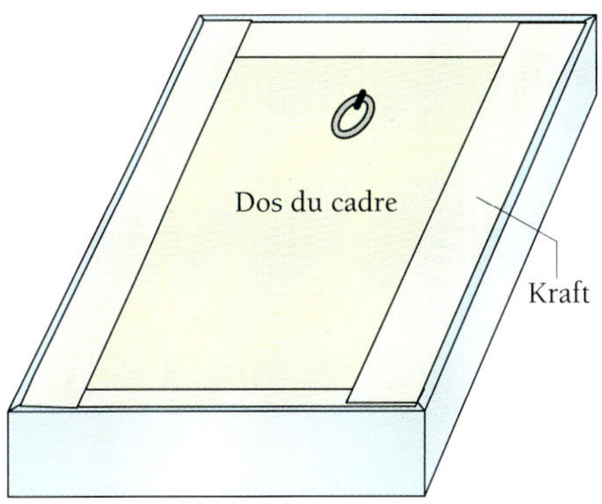

Double biseau

Le premier biseau est contre le sujet. C'est l'application du chapitre *Cadre avec biseau*, page 12). Le second biseau est légèrement décalé et superposé sur le premier. Il est en général entre 1 à 3 cm du précédent. C'est le même montage. Pour l'assemblage final, on superpose les deux biseaux (schéma 20).

La photo présente un encadrement en losange. L'application pour un biseau rectangulaire est identique.

Ceci donne un aperçu des différentes formes de fenêtres-images réalisables.

Les biseaux sont recouverts dans divers coloris.

Un petit relief apparaît sur le passe-partout. C'est le coquillage qui est repris aux 4 angles.

Découper la forme du relief désiré dans la carte bulle. Coller la découpe sur la carte bulle. Recouvrir celle-ci par un papier assez épais, puis maroufler avec un embossoir le contour du relief. Pour remplacer l'embossoir prendre le dos d'un crochet (de tricot, par exemple).

Pour la baguette (voir *Travailler une baguette : effets de reliefs*, p. 85).

Schéma 20.

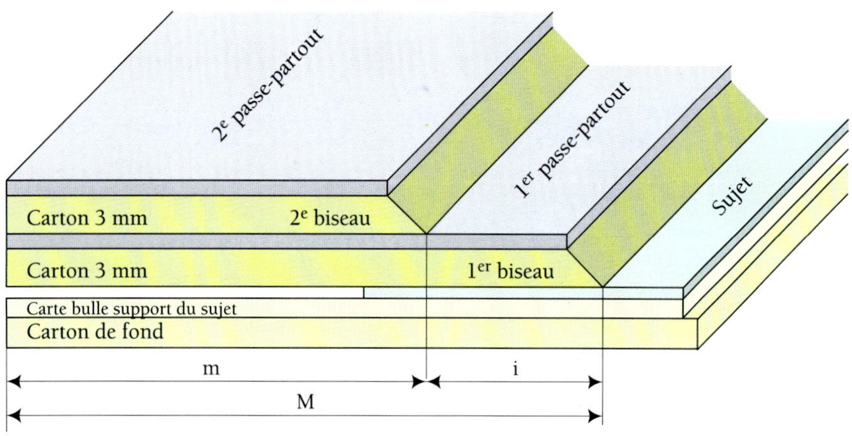

E. ROMEY

La mode illustrée
LE BON TON
Journal des Modes
On s'abonne à Paris à la Direction du Bon Ton, rue Ste Anne, 64.
MUSÉE DES FAMILLES

Biseaux multiples

Les biseaux multiples sont l'application des cadres avec biseaux soit à 45° soit à 90° (droits). On place plusieurs sujets de tailles égales ou différentes dans le même encadrement.

Tout est possible avec un peu d'imagination. Cependant, veiller à l'esthétique. Faire une maquette avant de commencer les coupes.

Matériel

- ♦ Un carton de 2 mm pour le fond.
- ♦ Une carte bulle pour votre sujet.
- ♦ Un carton de 3 mm pour le biseau à 45°.
- ♦ Un contrecollé ou une carte bulle pour le passe-partout.
- ♦ Un verre aux dimensions du paquet.
- ♦ Une baguette.

Calcul des fenêtres-images et des marges

Dans le cas de plusieurs sujets ayant des dimensions égales

C'est le cas le plus simple. La marge **M** extérieure est la même autour des sujets. L'intervalle **i** entre les sujets est supérieure ou inférieure à la marge extérieure (plus rarement supérieure) (schéma 21).

Schéma 21.

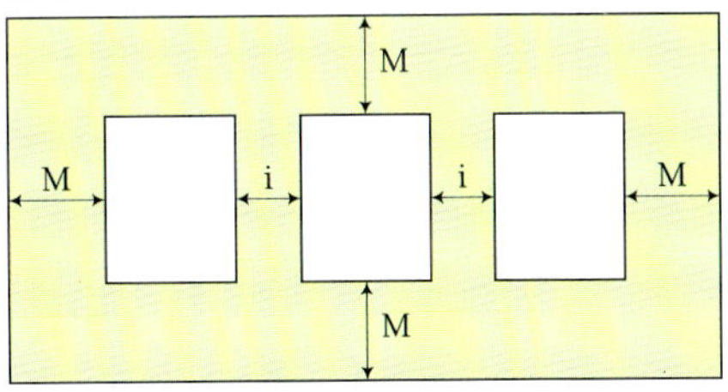

avec i < M ou i > M

Dans le cas de 2 sujets ayant des dimensions différentes

Le plus grand sujet détermine la marge extérieure **M**. L'intervalle **i** séparant les sujets est soit supérieur ou inférieur à la marge extérieure **M**. La marge extérieure **M'** du petit sujet est en général égale sur 2 côtés **M' = M + m** (schémas 22a et 22b).

Schéma 22a.

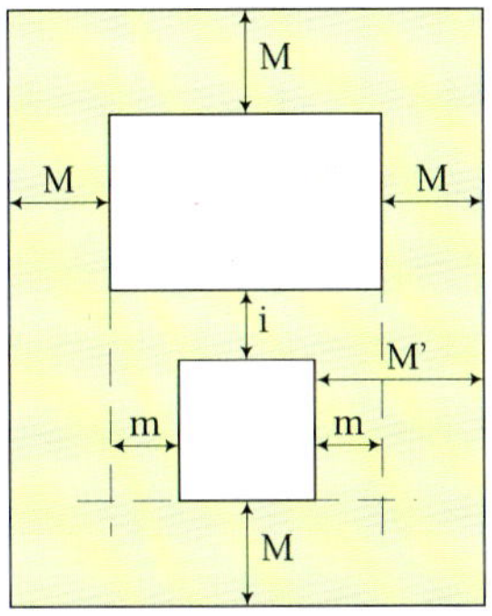

avec i < M

Schéma 22b.

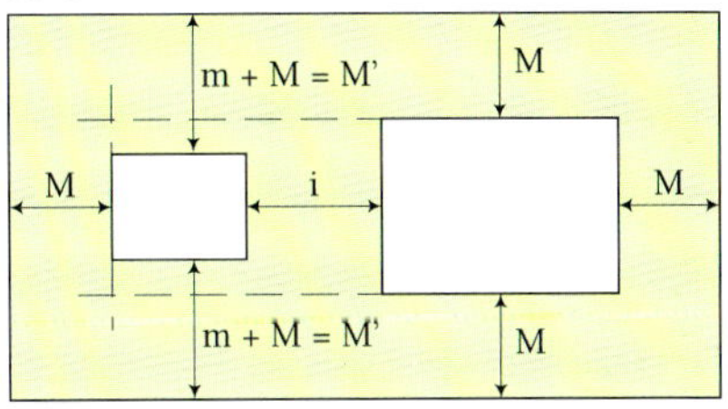

avec i > M

Dans le cas de plusieurs sujets de dimensions différentes

Mesurez chacune des images et présentez-les sur une page à petits carreaux. Les intervalles **i** doivent être égaux entre les images. La marge extérieure **M** est celle qui s'adapte au plus grand sujet (schéma 23).

Schéma 23.

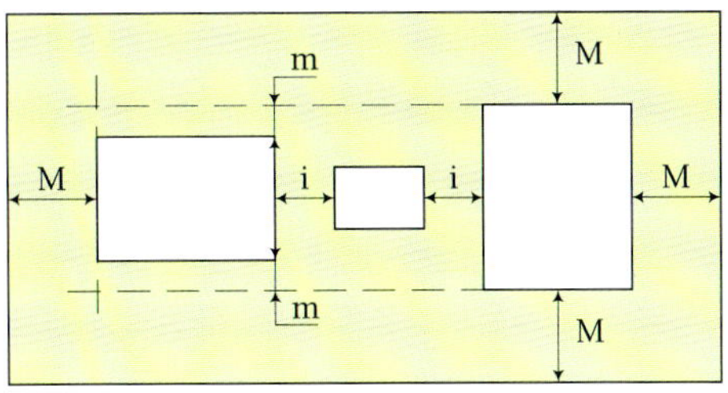

avec i < M

Biseaux multiples (suite)

Schéma 24.

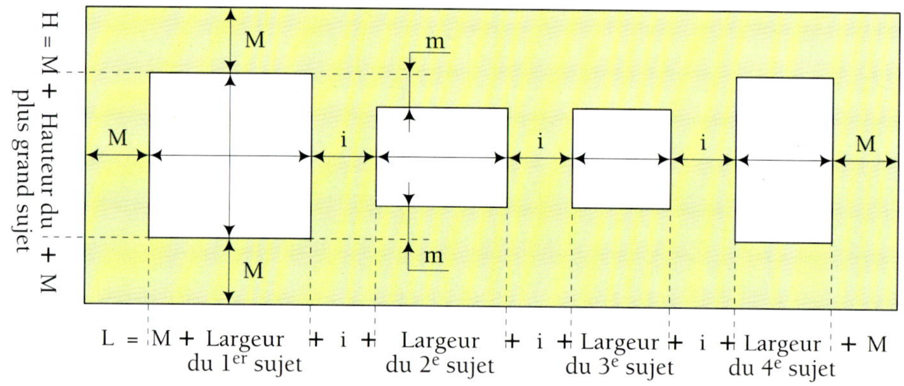

Mesure et coupe des différents éléments

Multiples horizontaux

L = M ext. + largeur 1er sujet + intervalle i + largeur 2e sujet + intervalle i + largeur 3e sujet + M ext.

H = M ext. + hauteur du plus grand sujet + M ext. (schéma 24).

Multiples verticaux :

Inverser L et H (ci-dessus).

Une fois les mesures extérieures du cadre déterminées, couper comme pour le cadre avec biseau :

– un carton de fond de 2 mm, poser l'anneau ;

– une carte bulle pour les sujets ;

– un carton à biseau de 3 mm ;

– une carte bulle ou un contrecollé pour le passe-partout.

Ouverture du carton a biseau

Avec le compas à pointes sèches, faire un léger tracé de chacune des fenêtres-images sur le carton à biseau

Vérifier l'équerrage.

Attention : à l'inverse du cadre avec biseau, les coupes à 45° avec l'appareil à biseauter se font sur l'envers du carton à biseau (repère O à gauche) et vers les marges extérieures.

Ouvrir les biseaux à 45° en commençant par les côtés extérieurs horizontaux, puis verticaux, puis les ouvertures entre chaque sujet.

Respecter les tracés entre les images, l'intervalle entre elles ne doit pas être coupé (schéma 25).

Schéma 25.

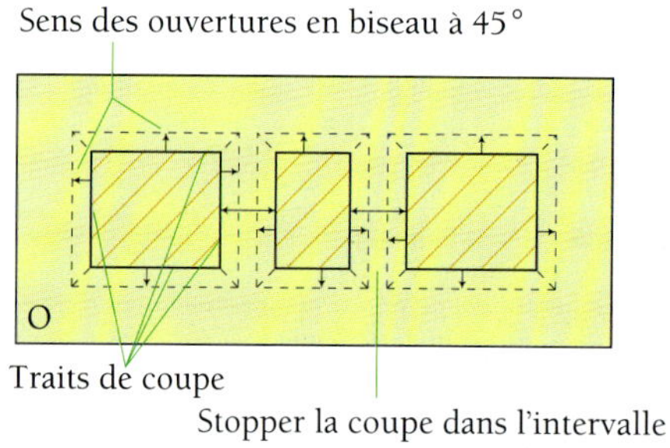

Retourner le carton à biseau côté endroit et faire des repères sur le bas de chaque ouverture (schéma 26).

Schéma 26.

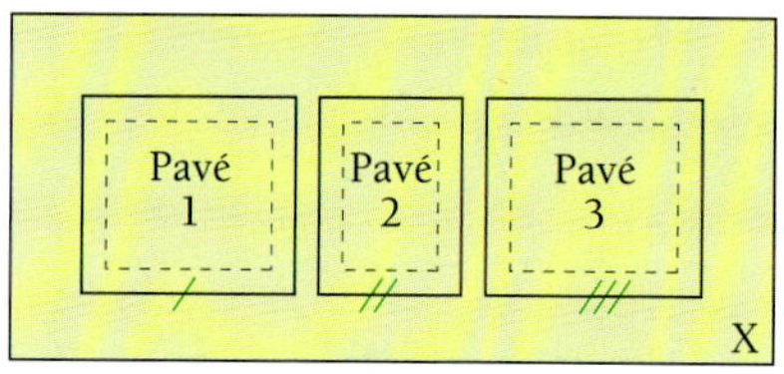

Fixation des images

Procéder comme pour le chapitre précédent (voir page 15). Le cas des multiples requièrent plus de soins. Les images doivent être parfaitement placées dans les **FI** de chaque ouverture des biseaux. Les coller une par une.

Ouverture du passe-partout

Comme pour le *Cadre avec biseau* (voir p. 15), retourner l'ensemble carton à biseau ouvert avec les pavés correspondant aux futures ouvertures, sur l'envers du futur passe-partout.

Fixer les pavés avec deux picots chacun, enlever le contour extérieur du carton à biseau et à l'aide d'un crayon fin, délimiter le contour des pavés.

Enlever les picots. Couper suivant les tracés, **règle à l'extérieur de ceux-ci** (schéma 27).

La suite se déroule comme pour le *Cadre avec biseau*.

Schéma 27.

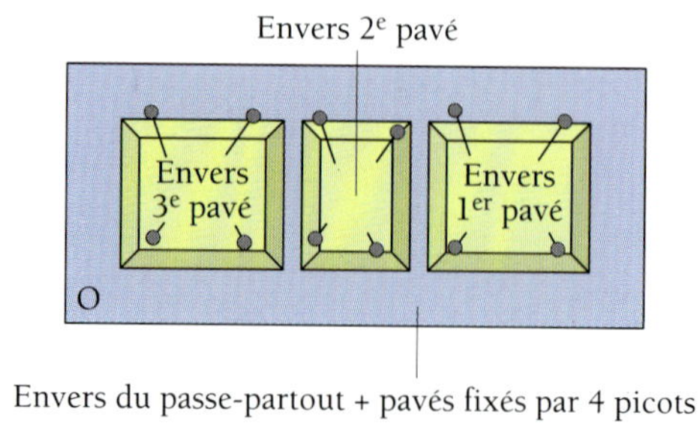

Application : le pêle-mêle

Le montage des multiples permet la réalisation de pêle-mêle à « ouvertures ». Dans ce cas, on supprime généralement les biseaux. Les photos sont directement fixées sur la carte bulle, sous le passe-partout présentant des ouvertures diverses (schéma 28).

La réalisation de pêle-mêle se fait également avec des rubans. On superpose, envers contre envers, deux cartons de 2 mm habillés sur l'endroit :

– un carton de fond habillé + anneau ;

– un carton de 2 mm habillé sur lequel on fixe des rubans en diagonale avant de coller les 2 cartons l'un sur l'autre (les rubans sont collés sur l'envers du carton).

Chaque croisement de diagonale est immobilisé par une petite pointe cachée sous le ruban (schéma 29).

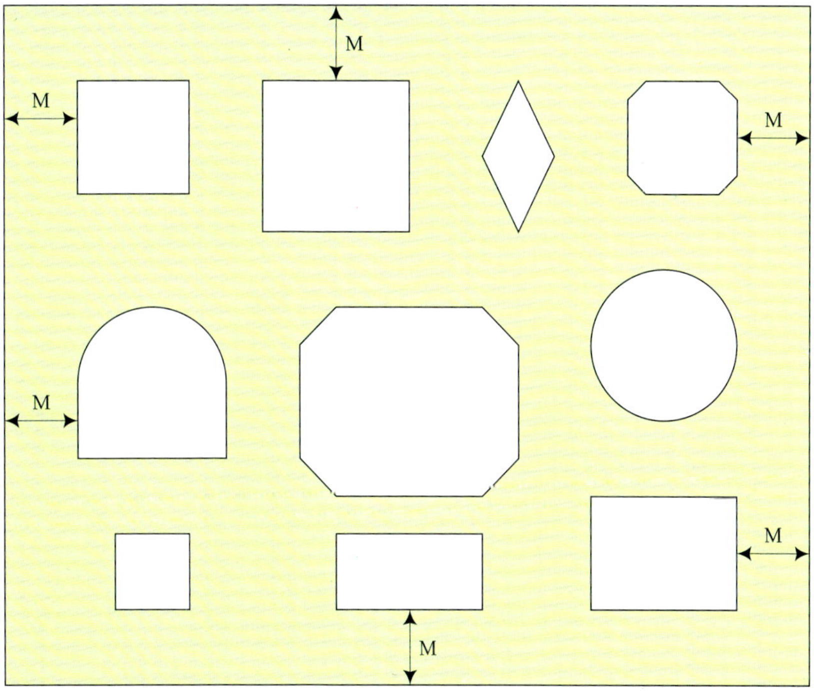

Schéma 28.

Schéma 29.

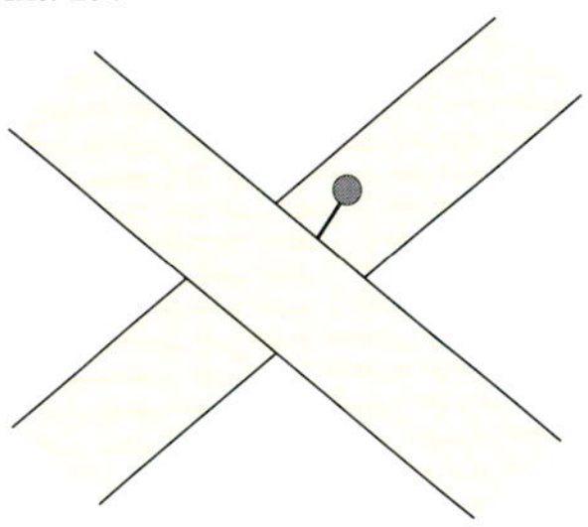

Pointe au croisement des rubans en dessous

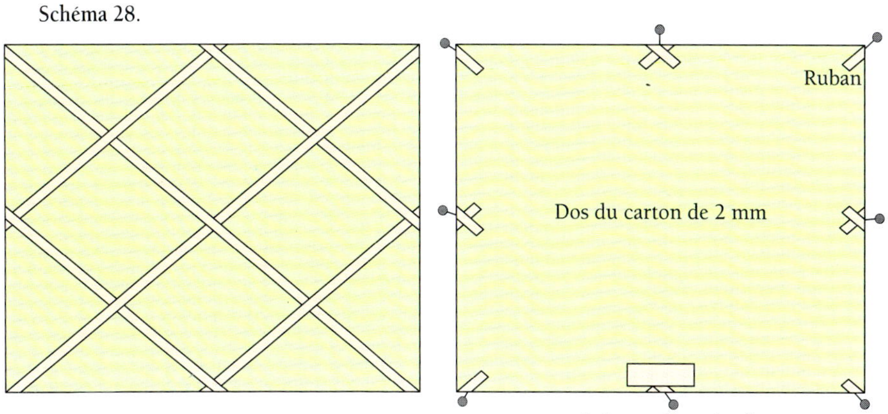

Triple biseau

*Le triple biseau consiste à répartir trois biseaux sur le carton à biseau, afin de créer **un creux** pouvant être habillé **d'un papier** (type papier reliure, canson de couleur ou fantaisie), **d'un tissu contrecollé**, ou **d'un autre revêtement complété d'objets**.*

*Le but est de mettre en valeur le sujet se trouvant au même niveau que le **creux**.*

Schéma 30.

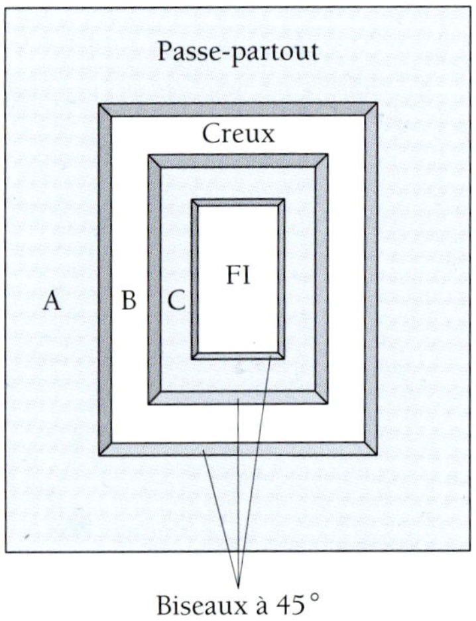

Schéma 31.

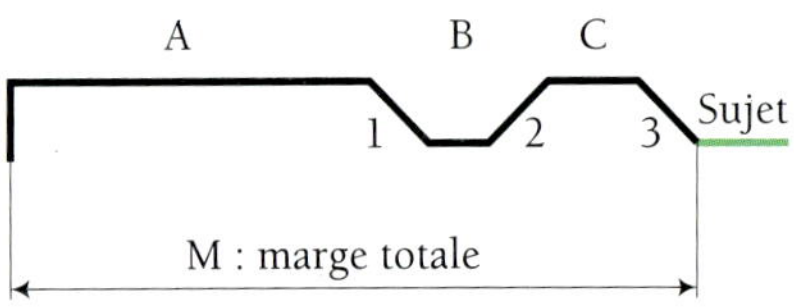

Schéma 32.

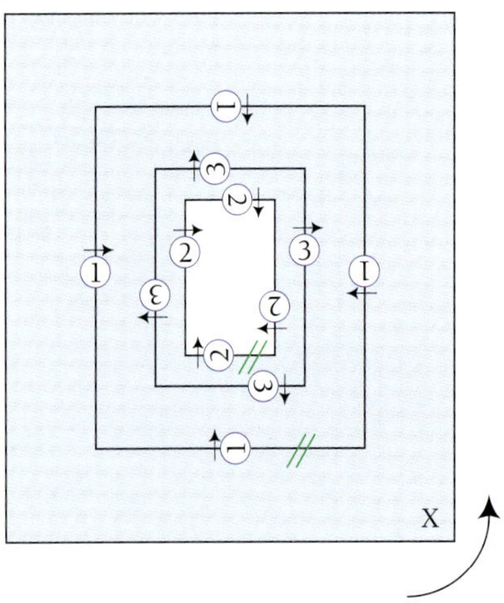

Ouvrir les biseaux à 45° suivant le sens des flèches

Tourner ainsi

Matériel

- **Un carton de fond de 2 mm.**
- **Une carte bulle support du sujet.**
- **Une carte bulle pour le montage du triple biseau.**
- **Un carton de 3 mm pour le biseau.**
- **Un passe-partout.**

La technique est la même que pour le biseau simple. Seul l'habillage du biseau inversé diffère (schéma 30).

Calcul de la marge

Marge totale = A + B + C. Éviter de prendre les mêmes mesures pour B et C, et éviter également que la marge A soit le double de B + C, cela ne rend pas l'aspect esthétique recherché (schéma 31).

Ouverture du carton à biseau et du passe-partout

Avec l'appareil à biseauter, ouvrir d'abord 1, 2 puis 3. Tourner votre carton à biseau, ouvrir de même 1, 2 puis 3.

Répéter l'opération pour les deux derniers côtés (schéma 32).

Faire un trait de repérage sur le bas du carton à biseau pour le montage final.

Marquer les différents éléments du carton à biseau par des **X dessus** et des **O dessous**.

Retourner le carton à biseau ouvert sur l'envers du passe-partout.

Attention : mettre 4 picots sur le pavé central et sur le pavé B.

Retirer A et C.

Faire un tracé sur le passe-partout autour du pavé central et de B.

Couper le passe-partout suivant les deux tracés.

Seules les parties A' et C' du passe-partout sont utilisées pour habiller A et C. B' est inutile.

Habillage des biseaux

Pour les biseaux 1 et 2 ; utiliser le **Biseaupratic** (voir p. 16).

Pour le biseau 3, il s'agit d'un biseau inversé.

Prévoir une longueur de bande d'habillage suffisante pour positionner le **Biseaupratic**. Marquer le milieu de la bande au plioir.

Ouvrir la bande et poser le **Biseaupratic**. Contrairement à la première utilisation, **la partie non recouverte par le Biseaupratic est utilisée pour le biseau inversé**.

Attention : l'encoche et la cassure de l'angle s'alignent sur la pliure.

Marquer l'angle de cassure au plioir et couper. Poser la bande repliée sur **l'arête supérieure du biseau inversé** et repérer le 2ᵉ angle au plioir.

Ouvrir la bande et poser le Biseaupratic sur le repère.

Attention : le **Biseaupratic** ne recouvre jamais la bande.

Marquer au plioir l'angle de cassure et couper. Encoller votre bande d'habillage en plein, et poser la pliure sur l'arête supérieure du biseau inversé.

Remborder en dessous du carton à biseau. Supprimer l'excédent de papier dans les angles (schéma 33).

Schéma 33.

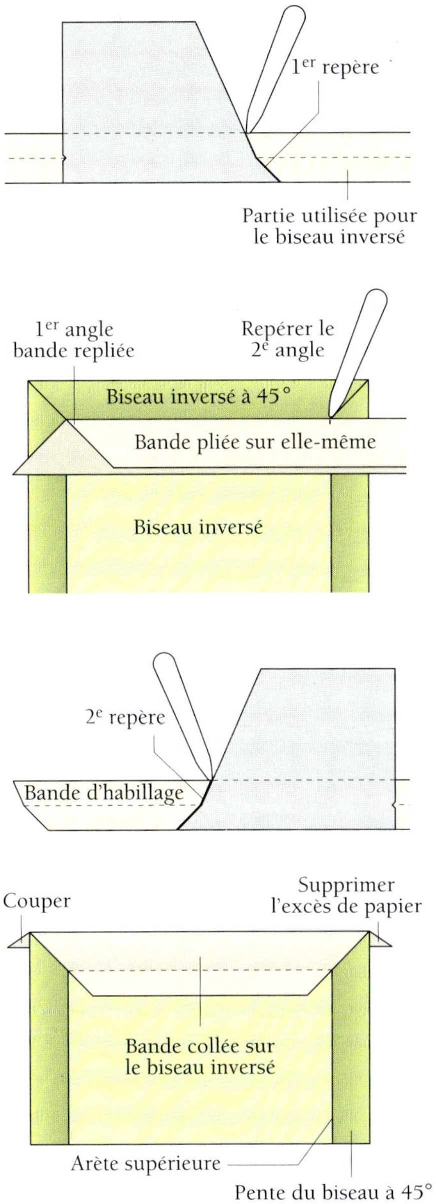

Montage final du triple biseau

Ouvrir la carte bulle support du montage à M – 1 mm.

Poser le montage ABC sur celle-ci.

Enlever le gabarit B et repérer le creux B par un léger tracé.

L'habiller de papier reliure ou d'un papier et de divers objets pour mettre en valeur le sujet (plumes, coquillages, boutons...) (schéma 34).

Les biseaux 1, 2 et 3 étant habillés, coller les passe-partout A' et C' sur A et C.

Puis fixer A et C sur la carte bulle support à l'aide du gabarit de coupe en creux B.

Encoller le dos de A, puis sans colle placer B (B sert de gabarit), puis avec colle placer C.

Mettre sous presse, puis enlever B.

Terminer le paquet en superposant les éléments suivants :

- le carton de fond avec son anneau ;
- la carte bulle + sujet ;
- le montage A et C sur la carte bulle support ;
- le verre.

Fixer en finale la baguette.

Schéma 34.

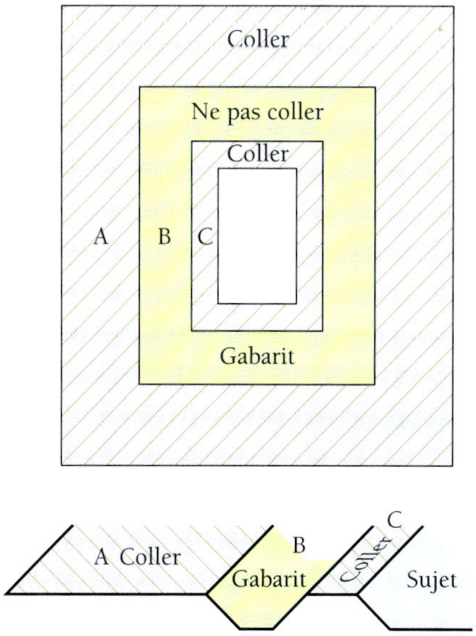

Biseau inversé

Ce biseau met en valeur un document en le surélevant sur un carton de 3 mm parfois posé sur une cale ou plus. Les pentes partent du sujet. *Bien vérifier l'équerrage du document.*

Matériel

- **Un carton de fond 2 mm.**
- **Un carton de 2 mm recouvert** (support du biseau inversé).
- **Une carte bulle pour le document.**
- **Un carton de 3 mm** aux dimensions du document + 3 cm de plus de chaque côté.
- **Chutes de carton de 3 mm** pour les hausses.
- **Baguette à « hausses »** (facultatif).

Premier exemple : Biseau inversé seul dans un cadre à hausses (schéma 35).

Schéma 35.

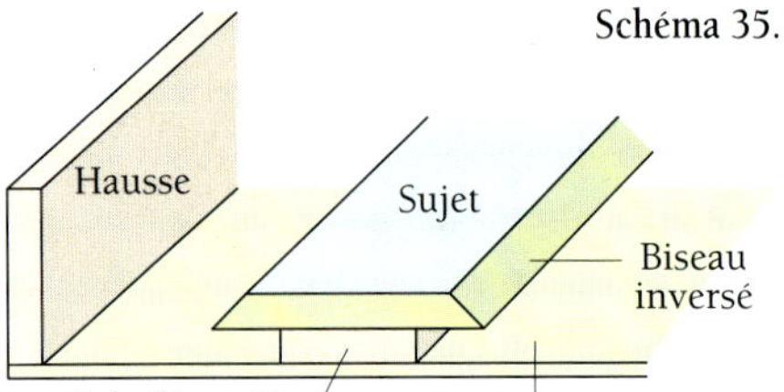

Préparer les éléments du montage final en fonction de la marge **M** (schéma 36).

Schéma 36.

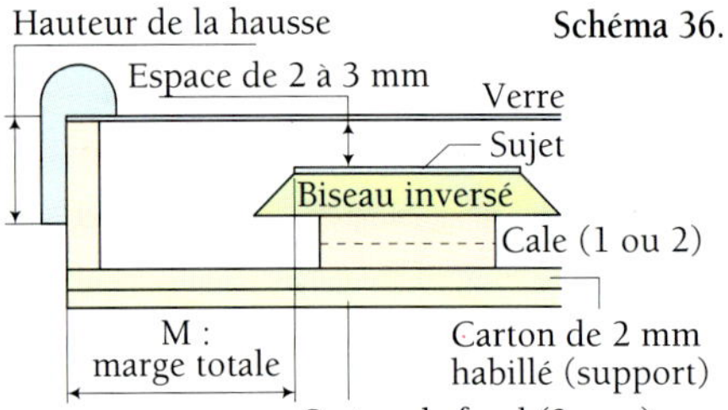

Ouverture du biseau inversé

Reporter le tracé exact de votre sujet sur le carton de 3 mm. Avec l'appareil à biseauter, ouvrir le biseau inversé.

Attention : ouvrir les biseaux à 45° vers l'extérieur du tracé de la fenêtre-image (schéma 37).

Schéma 37.

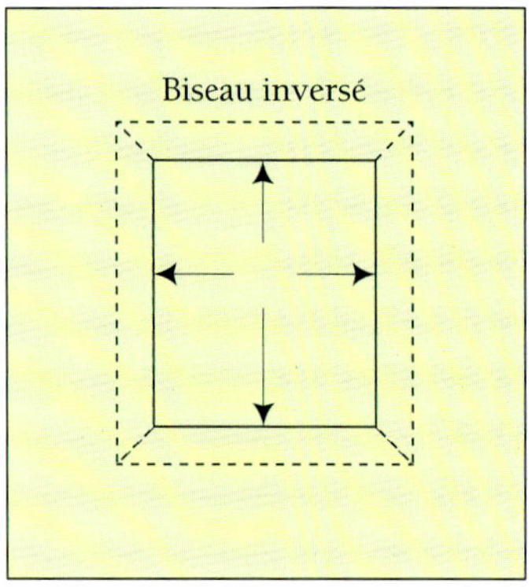

Sens du biseau à 45°

Habillage des pentes

Utiliser le **Biseaupratic** (voir *Triple Biseau*, biseau n° 3, p. 26).

Montage du support du biseau inversé

Prendre le carton de 2 mm habillé (carton support).

Repérer la marge **M** et pointer 2 épingles sur la tranche de chaque côté. Passer un fil autour des épingles. Ainsi l'emplacement du biseau inversé est délimité (schéma 38).

Schéma 38.

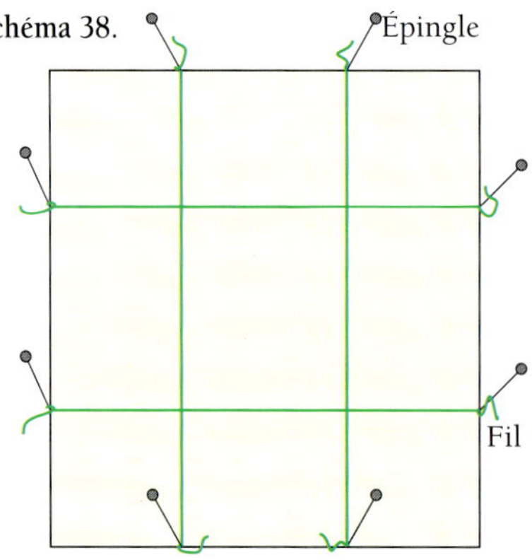

Finition du biseau inversé

Fixer l'image sur une carte bulle et assembler au biseau inversé habillé.

Pour dégager le sujet, coller une ou deux cales sous le biseau inversé. Placer l'ensemble entre les fils en attente. Coller sur le carton support habillé (schéma 39).

Schéma 39.

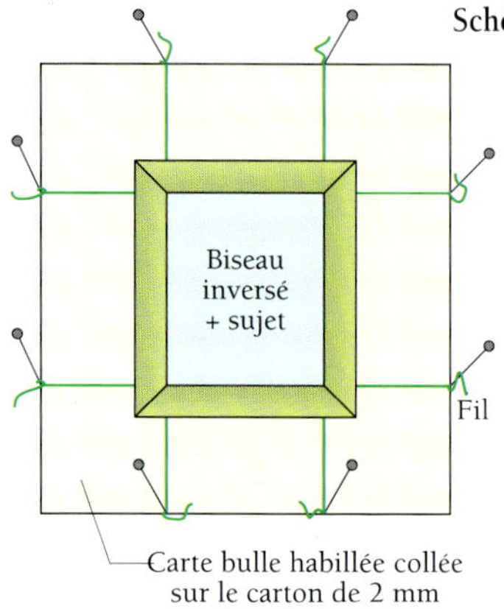

Montage des hausses dans la baguette

Couper un verre aux dimensions du montage, le coller dans la baguette.

Il existe des **baguettes à « hausses »** spéciales pour ces montages (dos plus important).

Couper 4 hausses dans une chute de carton de 3 mm :

– 2 longueurs = longueur intérieure du cadre + verre.

– 2 largeurs = largeur intérieure – 6 mm (épaisseur du carton de 3 mm).

La hauteur des hausses est celle du biseau inversé + quelques millimètres (le sujet ne touche pas le verre).

Habiller les hausses et les coller dans la baguette (schéma 40).

Retourner le cadre avec les hausses. Placer par-dessus le montage du biseau inversé. Assembler par quelques pointes. Krafter pour finir.

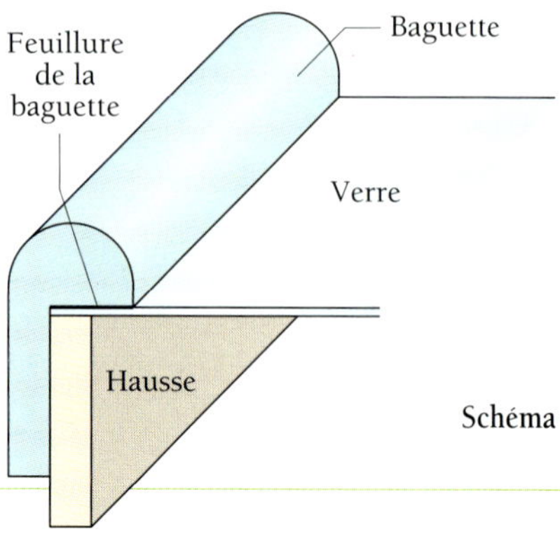

Schéma 40.

Deuxième exemple : **Biseau inversé prolongé par un biseau à 45°** (schéma 41).

Matériel

- **un carton à biseau de 3 mm en plus.**
- **un passe-partout.**

Le montage est constitué par un biseau inversé central supportant le sujet et un biseau classique posé à quelques centimètres du biseau inversé. Les deux biseaux peuvent être posés sur des cales.

Si le montage est au même niveau, finir le cadre comme un cadre classique (voir *Cadre avec biseau*, p. 12).

On peut uniquement surélever le biseau extérieur. La finition est la même.

Schéma 41.

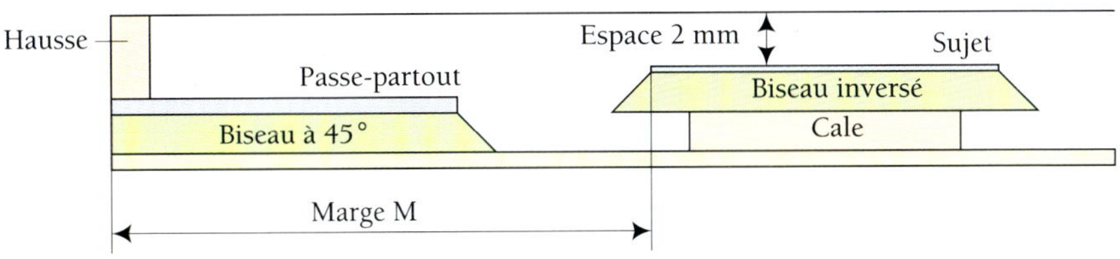

Biseaux imbriqués

Ce montage consiste à superposer plusieurs biseaux à 45° (mais aussi à 90° dans certains cas), en les imbriquant les uns sur les autres.

Dans le modèle présenté, le dernier biseau est un biseau classique dont les quatre ouvertures sont à 45° comme un biseau normal.

L'avantage de ce montage est de permettre l'utilisation d'un éventail de couleurs en fonction du sujet.

Matériel

- **Un carton de fond**.
- **Une carte bulle pour le sujet**.
- **3 cartons à biseau de 3 mm**.
- **Une ou plusieurs cartes bulles** pour les passe-partout.
- **Un ou plusieurs papiers ou tissus** pour l'habillage des passe-partout de couleurs différentes.

Mesure des marges

Déterminer la fenêtre-image et calculer la marge totale **M' = M + 1 cm** en tenant compte des décalages entre les différents biseaux. Superposons trois biseaux en les espaçant de 1 cm (schéma 42).

Faire les tracés de chaque ouverture sur les 3 cartons de 3 mm (schéma 43).

Schéma 42.

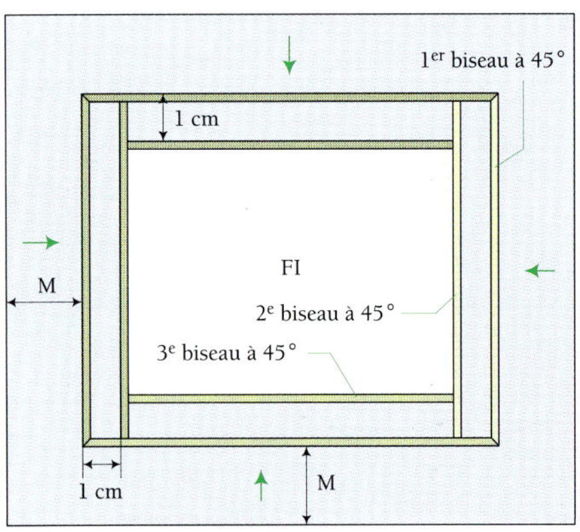

Sens du biseau à 45°

Ouverture des cartons à biseaux

Pour les cartons n° 1 et n° 2, ouvrir à 90° les côtés des petites marges et ouvrir à 45° les grandes marges.

Pour le carton n° 3, ouvrir à 45° (*Cadre avec biseau*, p. 12).

Habillage des biseaux et des passe-partout ou pentes

Pour le carton à biseau du dessus, les pentes sont habillées comme un biseau classique.

Pour les deux cartons intermédiaires, seules les pentes à 45° sont habillées. Les coupes à 90° sont cachées lors du montage.

Prendre dans le revêtement choisi quatre bandes de 6 cm de large pour recouvrir directement les biseaux des deux cartons intermédiaires (biseaux à 45° cartons n° 1 et n° 2). Elles remplacent le passe-partout. Les plier en 2 et les coller en plaçant la pliure sur l'arête supérieure de chaque biseau intermédiaire. Remborder en dessous.

Habillage du passe-partout

Seul le carton à biseau du dessus est recouvert d'un passe-partout.

On peut ajouter des passe-partout aux cartons intermédiaires pour varier les couleurs.

Schéma 43.

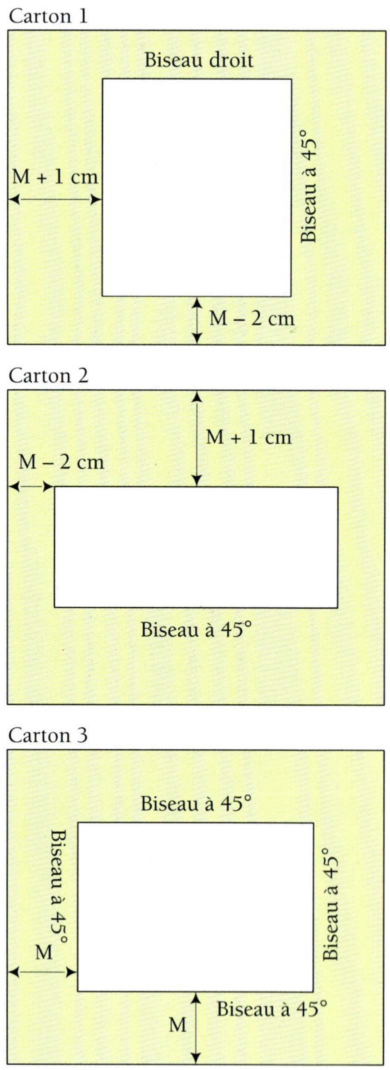

Montage final

Superposer le carton de fond, la carte bulle sujet, le 1er carton à biseau intermédiaire, le 2e carton à biseau intermédiaire et le carton à biseau final + passe-partout. Fermer le paquet. Terminer votre encadrement.

Compte tenu de l'épaisseur de celui-ci, il est préférable de mettre une baguette à « hausses ».

Le biseau du dessus n° 3 peut être remplacé par deux bandes de carton de 3 mm, coupées à 45° à marge **M** et recouvertes par un passe-partout (schéma 44).

Le biseau n° 2 est ouvert à marge **M** (sur 2 côtés) comme le n° 3.

Dans ce cas, il est nécessaire de coller un papier de couleur sur la tranche du montage (entre les biseaux n° 2 et n° 3) avant de fermer le paquet, pour éviter de voir le kraft de finition.

Schéma 44.

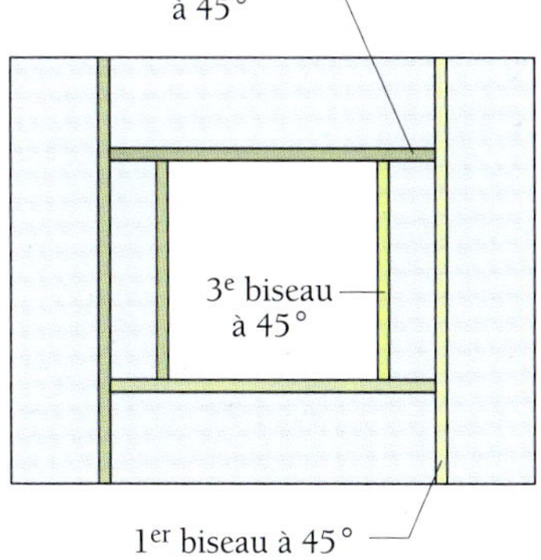

Ovales et ellipses

Ce montage requiert un peu d'habitude pour ouvrir les biseaux au cutter courbe à main levée. Cependant, il existe des appareils à biseauter en ovale. On ne peut pas les utiliser dans le cas des ellipses (voir p. 90, Conseils & Astuces).

Schéma 45.

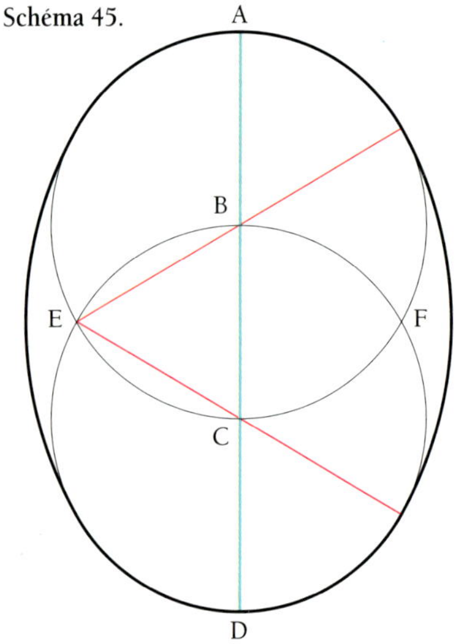

Schéma 46.

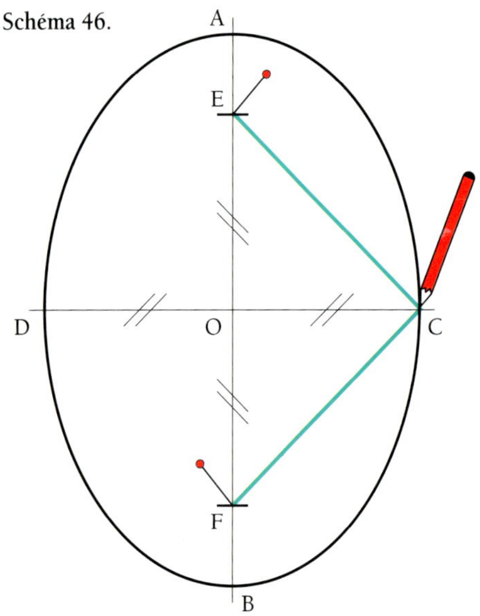

Pour reconnaître un ovale, on divise en 3 la plus grande dimension AD de l'image. Les points B et C sont les centres des cercles passant par A et D. Les points E et F sont aux intersections des 2 cercles.

De E puis de F, centres de nouveaux cercles, rejoindre la corde des cercles B et C. Si votre fenêtre-image correspond, c'est un ovale (schéma 45).

Pour reconnaître une ellipse, à partir du centre O croisement des perpendiculaires hauteur et largeur, on reporte 1/2 de la largeur de l'image sur la hauteur. On obtient les points E et F.

Pointer 2 picots en E et F et un crayon en C. Tracer l'ellipse en déplaçant le crayon sur l'arc A B.

Faire le tracé symétrique de D. Si votre fenêtre-image correspond, c'est une ellipse (schéma 46).

Avec l'application, vérifier s'il s'agit d'un ovale ou d'une ellipse.

Mesure de la fenêtre-image et calcul de la marge

L'ovale ou l'ellipse s'inscrivent dans un rectangle.

Ajouter une marge suffisante pour dégager le sujet. Reporter le tracé sur le passe-partout (sur l'envers si c'est un contrecollé). Tracer l'ovale ou l'ellipse dans le rectangle. Ouvrir le passe-partout.

Ouverture du carton à biseau

Dans ce cas, on ouvre **en premier le passe-partout**.

Reporter le tracé de l'ouverture sur le carton à biseau en fixant le passe-partout ouvert sur le carton à biseau par 4 picots aux angles.

Attention : piquer bien dans les angles.

Avec le cutter courbe, ouvrir l'ovale ou l'ellipse. Tenir le cutter légèrement incliné, la main repose sur le carton à biseau.

Le premier passage doit « entamer » légèrement le carton de 3 mm.

Plusieurs traits de coupe sont nécessaires pour ouvrir le biseau à 45°. Adoucir si nécessaire avec un papier de verre très fin.

NARCISSE.

Ovales et ellipses (suite)

Habillage du biseau courbe

Cette technique s'applique à d'autres démonstrations. Il est utile de bien la maîtriser.Couper dans le revêtement choisi (tissu contrecollé, papier reliure ou autre) une bande de 3 cm de large et de la longueur du biseau ovale à recouvrir + 1 cm de marge.

Marquer le milieu au plioir. Ouvrir la bande et pratiquer un crantage sur une moitié de la bande.

La partie crantée s'applique sous le carton de 3 mm.

Encoller la partie crantée et appliquer la pliure de la bande sur l'**arête inférieure du biseau**. Ramener les bandes crantées sous le carton de 3 mm. Cranter sur 1 cm perpendiculairement le haut de la bande.

Attention : arrêter le crantage à 5 mm de la pliure (partie venant s'appliquer sur le biseau).

Les traits de coupe ne doivent pas apparaître sur le biseau terminé.

Mouiller légèrement l'intérieur de la bande. Façonner au doigt l'arrondi à 45°. Encoller de 10 cm en 10 cm le biseau en arrondi et le dessus du carton à biseau et appliquer la bande crantée autour de l'ouverture.

Couper l'excès si nécessaire à la jointure de la bande. Utiliser des papiers reliures (facilement retouchables) pour les premiers biseaux ovales (schéma 47a).

Schéma 47a.

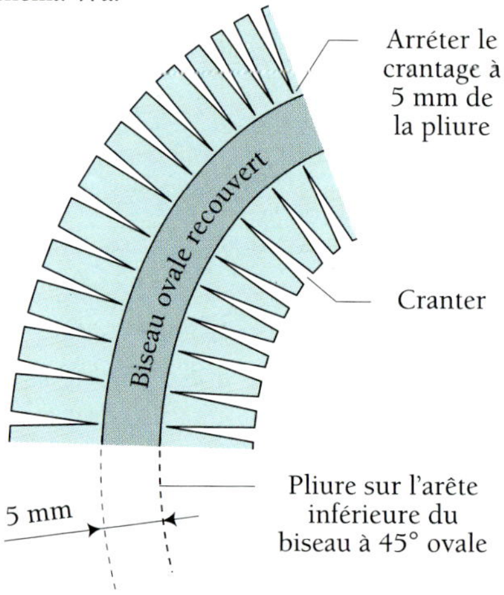

Finition

Coller votre passe-partout sur votre carton à biseau et terminer votre encadrement. La baguette est rectangulaire.

Pour la pose d'un filet en rond sur le passe-partout, voir p. 90, *Conseils & Astuces*.

Montage à partir d'une baguette ovale

Reporter l'ovale de la baguette sur le passe-partout. Calculer la marge et reporter l'ouverture de votre fenêtre-image en parallèle à cet ovale, au compas à balustres.

Faire le montage de la façon précédente, mais cette fois c'est la baguette qui détermine l'ovale. C'est souvent le cas des cadres anciens (schéma 47b).

Schéma 47b.

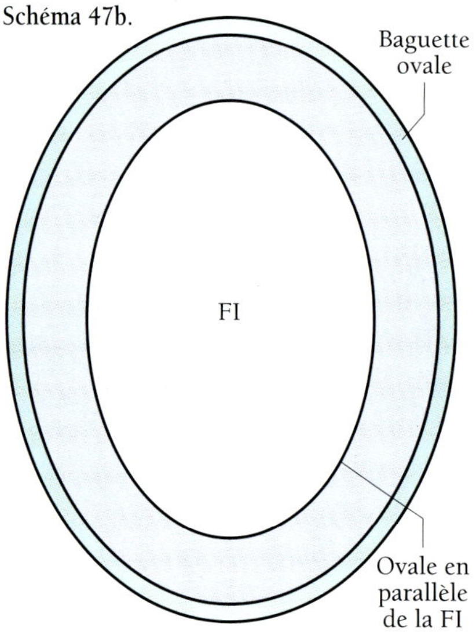

Fabriquer sa baguette ovale

Reporter le tracé de l'ovale choisi sur un carton de 3 mm (ou un contreplaqué de 5 mm). Le long du tracé, positionner des clous (ou des petits tourillons).

Enrouler sur 1 cm autour 3 ou 4 bandes de 5 mm de haut de placage de bois ou du carton 0,7 mm.

Coller chaque bande autour de la précédente. C'est la feuillure de la baguette en fabrication. Continuer par 5 ou 6 bandes de 1,5 cm de haut.

C'est la partie reposant sur le carton qui devient le dessus de votre baguette. Ceci n'est qu'un aperçu de la fabrication de votre baguette. Il faut ensuite la poncer, la teinter afin d'obtenir une finition parfaite, digne d'une baguette achetée dans le commerce.

Pour une baguette faite en carton de 0,7 mm, l'habiller d'un papier reliure, d'un papier bois ou la peindre, après l'avoir enduite d'un jus de colle (schéma 47c).

Schéma 47c.

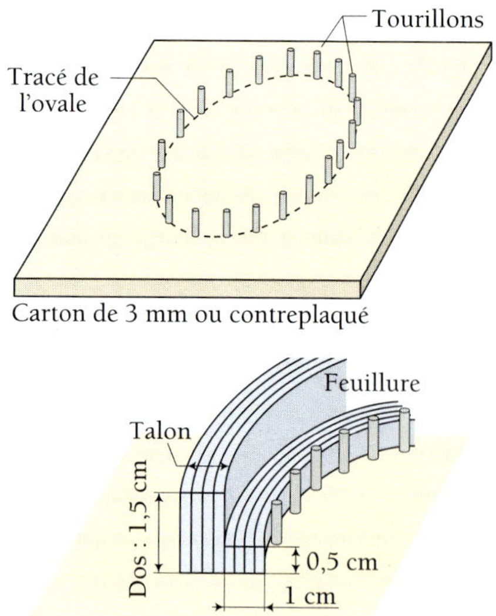

Colette.

Écoinçons

Les écoinçons sont des formes triangulaires dont l'hypoténuse est en arc de cercle. Ils se font directement sur le passe-partout qui est soit un contrecollé, soit une carte bulle habillée, soit un carton « ondulé » ou tout autre habillage de votre choix.

Écoinçons à partir d'une fenêtre-image rectangulaire ou carrée

Repérer sur l'envers de votre passe-partout l'emplacement de la fenêtre-image.

Ne pas ouvrir le passe-partout.

À partir de chacun des sommets du tracé de la fenêtre-image (rectangulaire ou carrée), pointer une même ouverture à l'aide d'un compas. De ces deux points, reprendre le compas et déterminer le point de rencontre des deux ouvertures. Le point obtenu est le centre de l'arc de cercle de l'écoinçon (schéma 48).

Schéma 48.

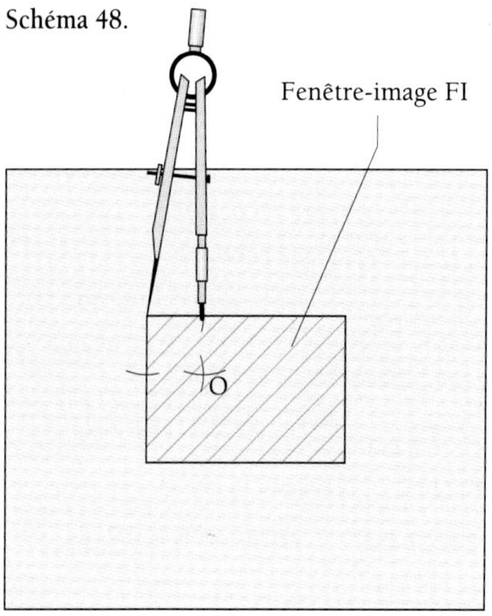

Faire un deuxième tracé (rectangulaire ou carré) à environ 4 à 5 cm du précédent. Du centre O, obtenu ci-dessus, ouvrir le compas jusqu'aux côtés du 2e repère. Tracer l'arc de cercle joignant ces deux côtés. La figure obtenue est l'écoinçon (schémas 49a et b).

Schéma 49a.

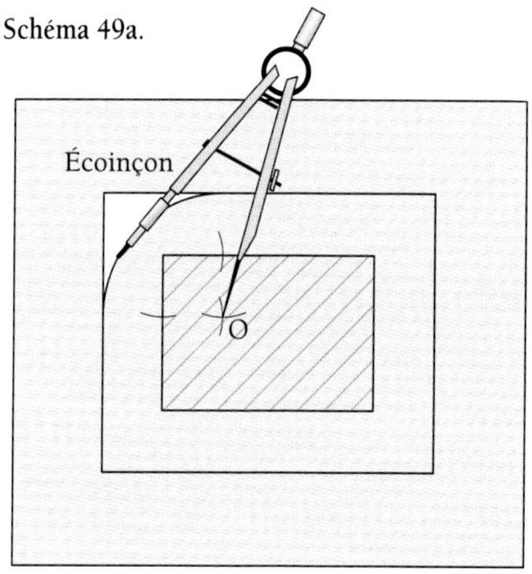

Schéma 49b.

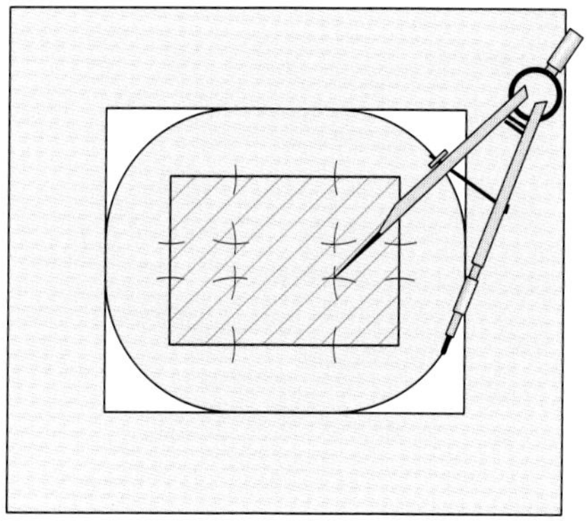

Ouvrir votre passe-partout, puis l'écoinçon dans chaque angle.

Le passe-partout est :

– un contrecollé ouvert sur l'envers ;

– une carte bulle. Le revêtement choisi pour l'habiller est alors rembordé.

La découpe formée par les écoinçons laisse apparaître le carton à biseau. Combler par un papier de couleur ou un papier reliure.

Ouvrir le carton à biseau en reportant la **FI**. Continuer le montage comme pour un cadre avec biseau.

Écoinçons à partir d'une fenêtre-image ronde ou ovale

Le montage est l'application du chapitre sur les ovales et les ellipses.

Déterminer la fenêtre-image en fonction de votre sujet. Elle est soit ovale soit ronde.

Faire un premier tracé de la fenêtre-image, puis un second à 3 cm environ à l'extérieur. À partir de l'ovale tracer un rectangle s'inscrivant dans celui-ci à – 0,5 mm à 1 cm. Joindre les angles aux différents arcs de cercle pour obtenir votre figure en écoinçons.

Une fenêtre-image ronde s'inscrit dans un carré (schémas 50a et b).

Schéma 50a.

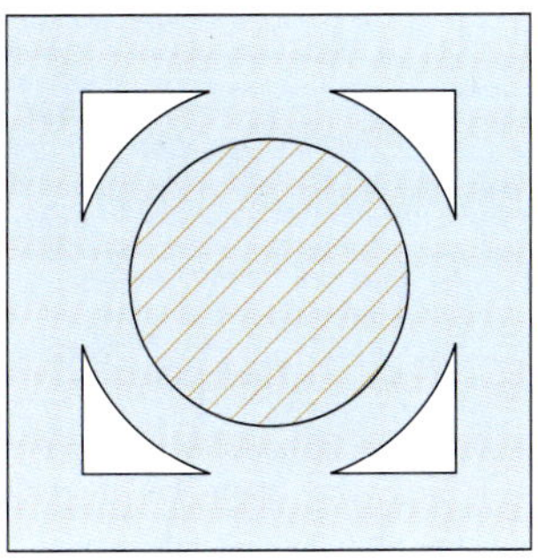

FI ronde

Schéma 50b.

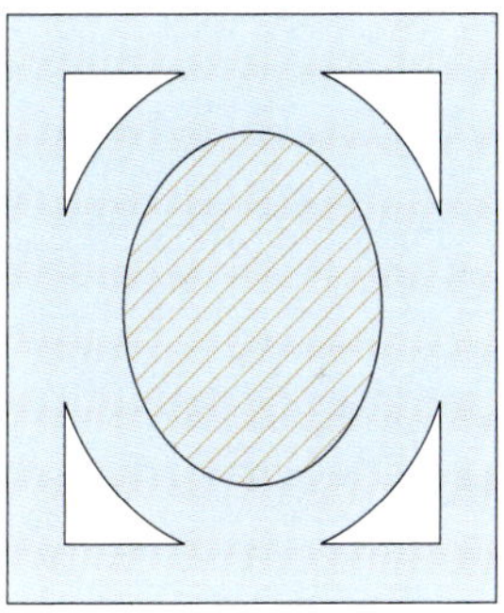

FI ovale

Écoinçons peints

Dessiner légèrement les 4 écoinçons sur l'endroit du passe-partout en contrecollé.

Cerner l'écoinçon par des traits à l'encre à l'aide d'un compas (voir p. 90, *Conseils & Astuces*).

L'intérieur est peint en général à l'aquarelle, voir photo des écoinçons en lavis fantaisie, page 35.

Découpe chantournée

Matériel

- ♦ Un carton de fond.
- ♦ Une carte bulle sujet.
- ♦ Un carton à biseau.
- ♦ **1, 2 ou 3 cartes bulle** suivant l'exemple choisi.
- ♦ **Tissu contrecollé ou papier** pour l'habillage des passe-partout.

La découpe chantournée est faite de courbes réalisées :

– sur un passe-partout sans reprendre le contour du sujet (photo « Les légumes ») ;

– sur le passe-partout à quelques centimètres en parallèle du sujet (photo « Les raisins ») ;

– sur le passe-partout et le carton à biseau par la suite. Cette technique est plus compliquée car on chantourne le biseau à 45° ou à 90° (photo « Les petites oies et la fermière »).

Il s'adapte aussi bien à des sujets modernes qu'anciens.

Dans le cas d'un biseau a 45° et d'un double passe-partout chantourné

La marche à suivre est la même que pour le cadre avec biseau. La marge mesure au moins 7 à 9 cm. Prévoir deux cartes bulle supplémentaires.

Dessiner les différentes courbes que vous avez choisies pour agrémenter votre cadre. Utiliser du papier calque pour reproduire le dessin en symétrie sur votre carte bulle. Reproduire le dessin obtenu sur les deux cartes bulle, les ouvrir suivant le tracé chantourné.

Reprendre une carte bulle et effectuer un tracé du chantourné à quelques millimètres du précédent. Pour cela, utiliser un compas à balustres et suivre le contour de celle-ci à l'aide de la pointe crayon du compas ouvert à 5 mm ou plus de large. Couper suivant ce nouveau contour (schémas 51a, b et c).

Remborder vos cartes bulle en crantant le papier ou le tissu contrecollé afin de le ramener en dessous, même procédé que pour les arrondis. Poser les deux passe-partout chantournés sur le biseau + 1er passe-partout. Finir comme un cadre normal.

Schéma 51a.

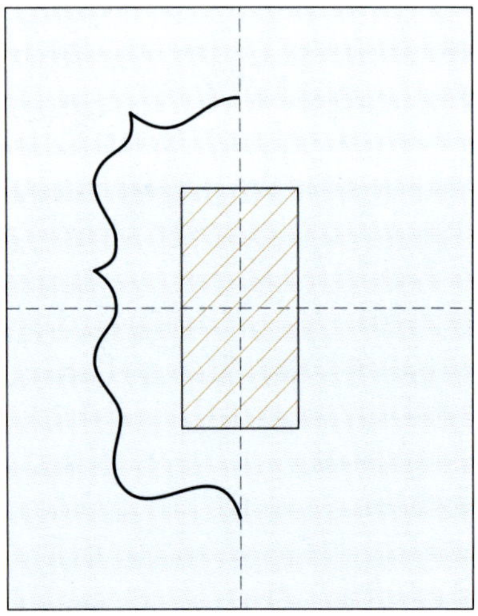

Ébauche du chantourné autour de la FI

Schéma 51b.

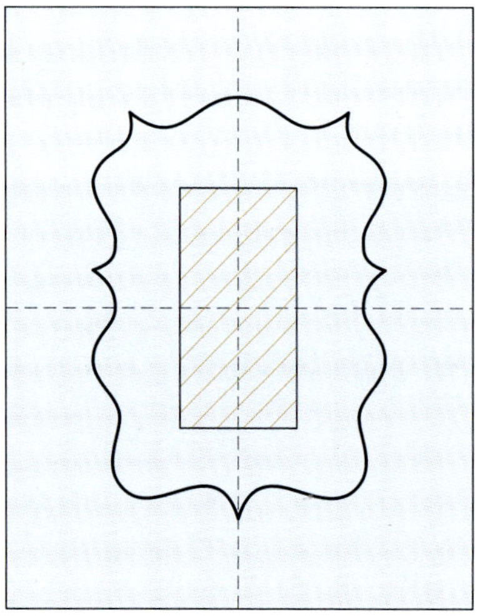

Symétrie du dessin reproduit au calque

Schéma 51c.

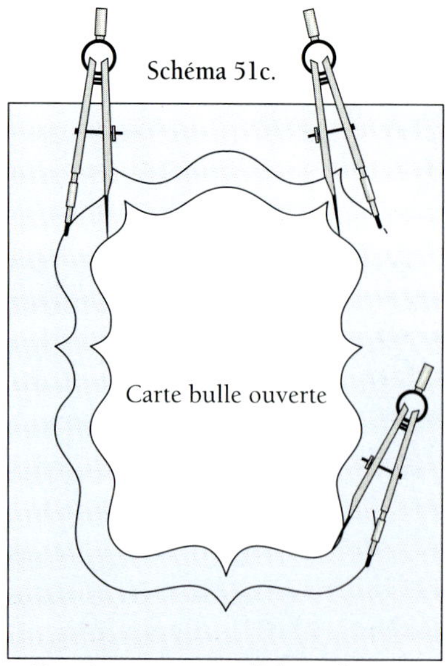

Deuxième traçé parallèle sur la carte bulle au compas à balustres

Album Vilmorin
VILMORIN ANDRIEUX & Cie
PARIS

Dans le cas d'un passe-partout chantourné à quelques centimètres de l'image + un biseau a 45° ou 90°

Décalquer le contour de l'image. Puis faire un tracé en parallèle à quelques centimètres (utiliser un compas à balustres éventuellement).

Transférer le tracé sur la carte bulle passe-partout. L'ouvrir. Fixer celle-ci sur le carton à biseau (par des picots). Repérer le tracé du chantourné. Ouvrir le carton à biseau à 90° ou à 45° suivant le chantourné. Attention l'ouverture à 45° est difficile à réaliser uniformément surtout si les contours sont « découpés », comme c'est le cas pour « Les petites oies et la fermière » (ci-contre).

Habiller ensuite le biseau, ou passer un jus de colle et appliquer une peinture acrylique pour teinter le biseau.

Habiller la carte bulle passe-partout. Terminer comme pour un cadre normal.

Dans le cas des « raisins » (ci-dessous), la découpe est à quelques centimètres du sujet. Le biseau à 45° est rectangulaire et posé sur la découpe chantournée. La réalisation du biseau est l'application du *Cadre avec biseau*.

Dans le cas des « petites oies et la fermière »

Découpe chantournée à quelques millimètres du sujet, suivie d'un biseau chantourné légèrement en diagonale recouvert d'un passe-partout sur lequel sont peintes des oies à l'aquarelle. Le bas du biseau est habillé de franges coupées dans des papiers de couleurs différentes imitant l'herbe.

Conseils & Astuces

Utiliser un compas à balustres pour reporter le deuxième tracé chantourné en parallèle de la première coupe.

Papiers déchirés

Les quatre côtés du biseau sont en papiers superposés et déchirés ou bien un ou deux côtés seulement sont recouverts ainsi, les autres peuvent être soit en biseau français, soit chantournés, soit à 45°… On peut appliquer plusieurs techniques. Ici le modèle présente deux côtés en papiers déchirés et un double passe-partout avec rappel discret des papiers dans un angle.

Matériel

♦ **Un carton de fond.**

♦ **Une carte bulle** pour le sujet.

♦ **Un carton de 3 mm** pour le biseau.

♦ **Une carte bulle** pour le passe-partout.

♦ **Tissu contrecollé ou papier** pour le passe-partout.

♦ **Différentes feuilles de papier de couleur** : Canson, Fabriano ou, en dernier recours, du papier peint !

Calcul de la marge

Ajouter à la fenêtre image **au moins 5 mm**, suivant le dépassement prévu pour les papiers déchirés. Déterminer la marge **M** (schéma 52).

Schéma 52.

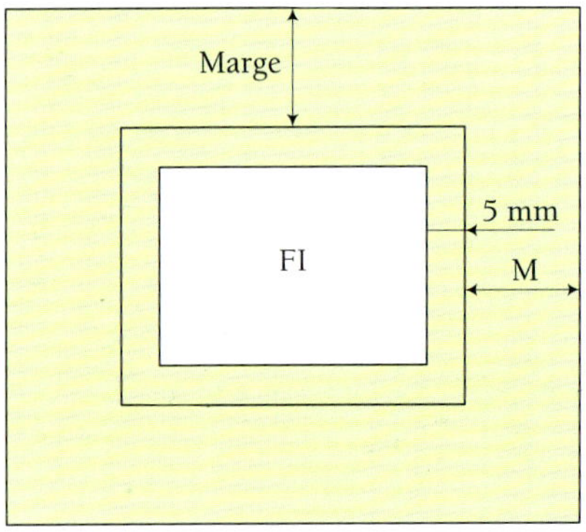

Ouverture du carton de 3 mm et du passe-partout

Ouvrir le carton à biseau de 3 mm à la marge déterminée. Faire une ouverture droite à 90°. Le biseau étant masqué par les différentes épaisseurs de papiers déchirés, il n'est pas utile de l'habiller.

Ouvrir le passe-partout à la même marge et le recouvrir.

Pose des papiers déchirés

Couper dans les coloris choisis des bandes de 3 à 4 cm de large et de la longueur des biseaux à recouvrir + 3 cm. Marquer leur milieu au plioir. Superposez-les et déchirez-les en les tenant fermement pour éviter qu'elles se décalent.

Suivre le trait de pliure, mais déchirer alternativement une fois à gauche et une fois à droite.

La déchirure terminée, décaler légèrement les différents papiers sur leur hauteur. La déchirure est à peu près parallèle sur tous les papiers (schéma 53).

Schéma 53.

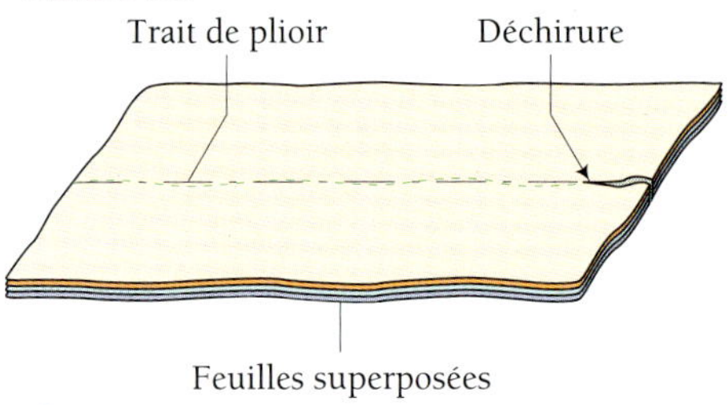

Reprendre le carton à biseau. *Vous disposez de 0,5 cm pour étaler vos différentes déchirures.* Lorsque vous serez sûr de l'emplacement de vos papiers, les coller sur le carton à biseau.

Commencer à mettre un peu de colle sur le bord du carton de 3 mm et poser la première bande. Placer la déchirure vers l'intérieur, à 0,5 mm du bord du biseau à 90°. Coller la deuxième à quelques millimètres, puis la troisième et ainsi de suite (schéma 54).

Attention aux traces de colle qui risquent de se voir à la finition.

Schéma 54.

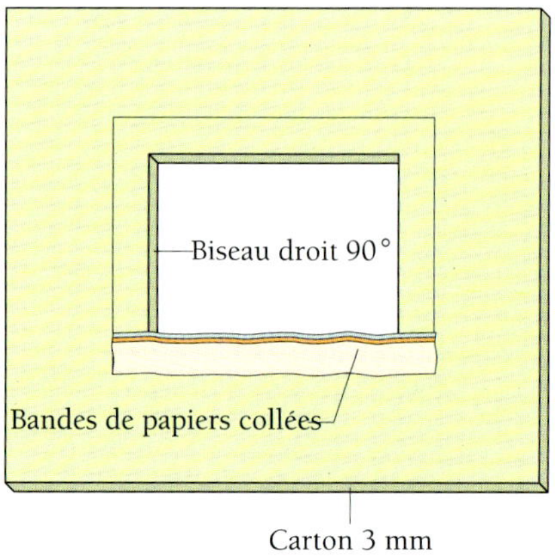

Coller le passe-partout sur l'ensemble carton à biseau + papiers déchirés. Terminez votre montage comme pour les cadres classiques. Vous pouvez remplacer le passe-partout par la continuation des papiers déchirés (schéma 55).

Schéma 55.

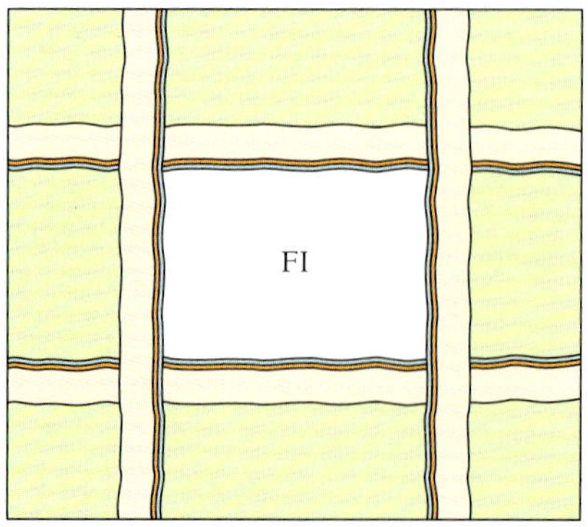

Flip

Ce montage particulier consiste à réaliser, à l'intérieur d'un cadre, un autre cadre à l'aide d'une baguette spéciale, le FLIP, qui se présente selon le schéma 55.

Schéma 55.

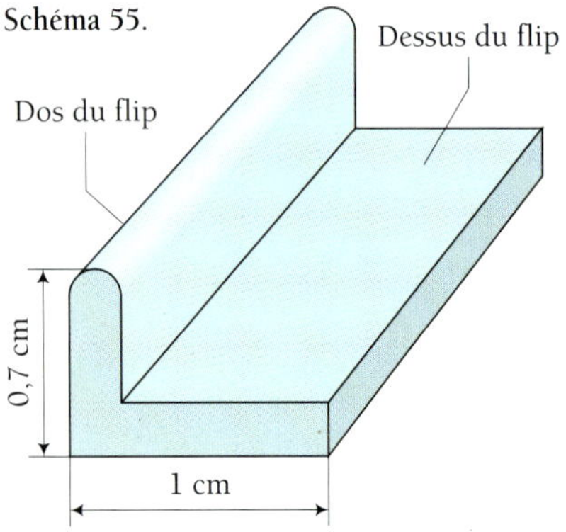

Matériel

- ♦ **Un carton de fond de 2 mm**.
- ♦ **Un carton de 2 mm** pour fixer le sujet et le 1er passe-partout.
- ♦ **Une carte bulle** pour le premier passe-partout.
- ♦ **Un carton à biseau de 3 mm** (second passe-partout).
- ♦ **Une carte bulle** (2e PP).
- ♦ **Du papier ou du tissu contrecollé**.
- ♦ **Le FLIP**.

Premier exemple : FLIP vers l'interieur

Mesure du FLIP et de la fenêtre image FI

Les mesures du FLIP sont calculées à partir de la petite **FI** (fenêtre image) = **L x H** du sujet. Le FLIP s'ajuste contre la longueur et la hauteur du sujet.

Attention tenir compte des angles à 45°. La dimension de FLIP nécessaire est : **(L x 2) + (H x 2) + 10 cm de sécurité**.

La largeur du FLIP est d'environ 1 cm. Mesure totale de la **FI = L + (1 cm x 2) et H + (1 cm x 2)** (schéma 56).

La marge **M** est calculée à partir du FLIP (**FI totale**).Elle mesure au moins 8 cm : 5 cm pour le biseau à 45° et 3 cm pour l'intervalle entre le FLIP (schéma 57).

Schéma 56.

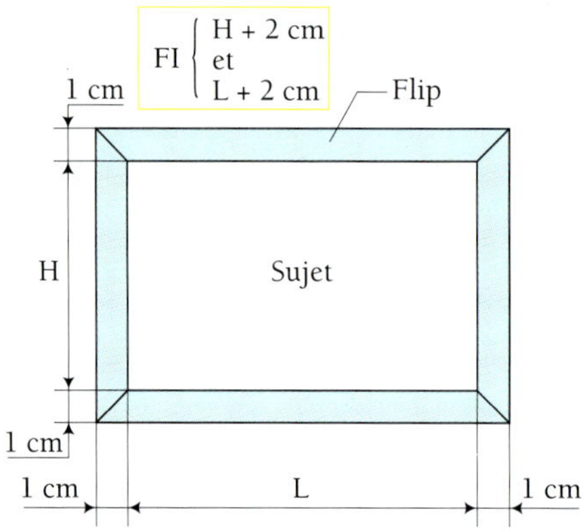

Ouverture du carton de 2 mm + son passe-partout et assemblage du FLIP

Ouvrir le carton de 2 mm et le premier passe-partout à marge 8. Coller votre image sur le pavé du carton de 2 mm. Couper le surplus de carton au ras du sujet.

Couper et assembler le FLIP, au bord du sujet. Les angles à 45° du FLIP doivent impérativement se trouver dans le prolongement des angles de votre image.Votre cadre « FLIP » ainsi réalisé, insérez-y l'image collée sur le carton de 2 mm. Sur l'envers du montage, coller quatre bandes de kraft, pour fixer l'image au FLIP.

Ouverture du petit passe-partout intérieur

À l'intérieur contre le sujet, mesurer la marge du FLIP. Pour cacher cette marge, couper une carte bulle de la dimension intérieure du FLIP, ajouter 5 mm pour recouvrir le bord de l'image. Couper suivant le tracé intérieur (détails photo).

Habiller et remborder ce petit passe-partout. Puis le fixer par quelques points de colle au montage FLIP + image (schéma 57).

Posez ce montage dans le carton de 2 mm + le premier passe-partout habillé et collé.

Ouverture du carton à biseau et du deuxième passe-partout

Prendre le carton de 3 mm, repérez une marge à 5 cm. Ouvrir à 45°. Ouvrir votre passe-partout dans la deuxième carte bulle. Habiller celle-ci, ainsi que votre biseau. Terminer votre encadrement.

Schéma 57.

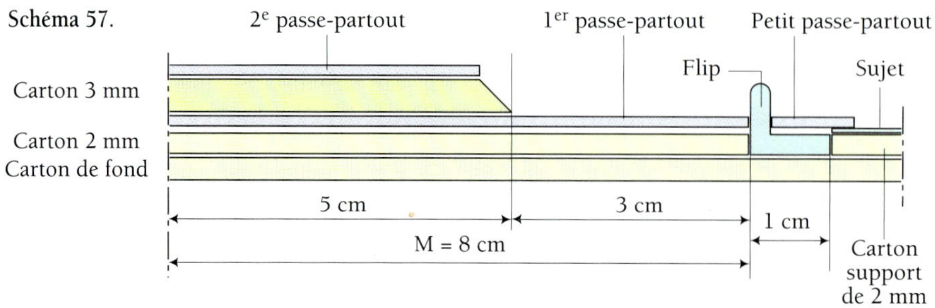

Deuxième exemple : FLIP vers l'extérieur

Le FLIP peut aussi se monter le plat vers l'extérieur, le montage est le même. Seule la carte bulle du premier passe-partout s'ajuste contre le bord du FLIP. Le petit passe-partout intérieur est inutile (schéma 58).

Schéma 58.

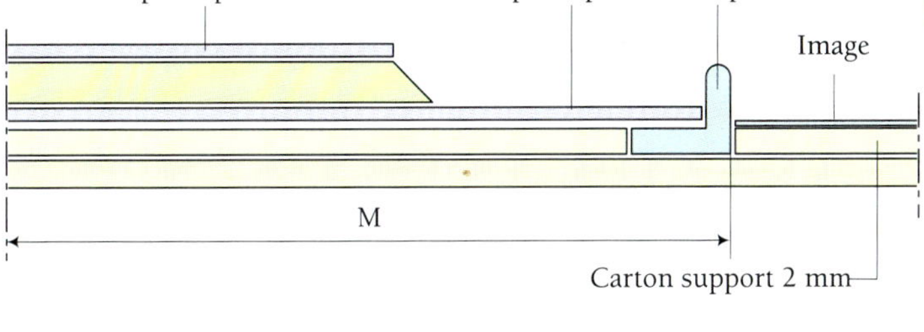

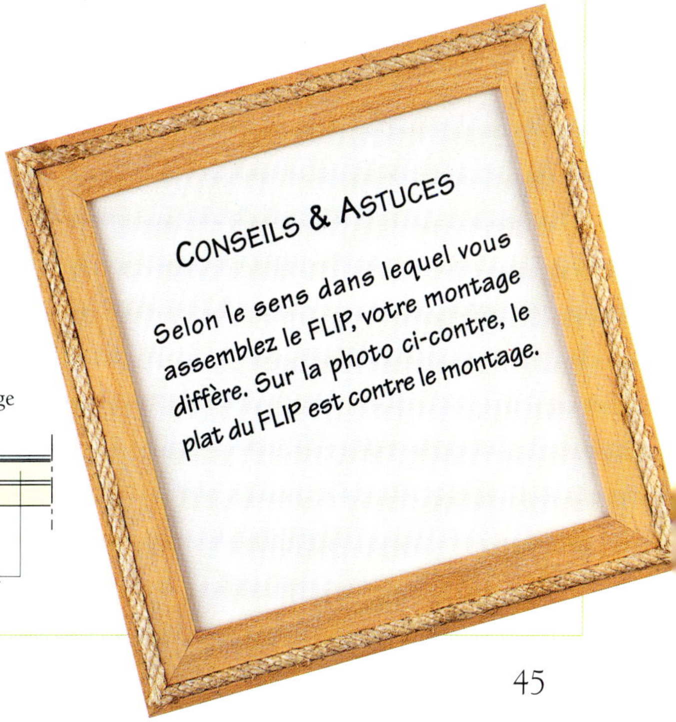

Le lavis

Le lavis est une bande peinte cernée par des filets tirés soit au tire-ligne, soit à la plume avec de l'encre ou un jus d'aquarelle adapté au sujet.

Le lavis fantaisie est fait à l'éponge avec plusieurs couleurs. Comme son nom l'indique, il permet des « fantaisies ». Voici un exemple de réalisation en trompe-l'œil : *La Révolution* par Philippe Legendre (Étampes), dessin imaginé et prolongé sur le passe-partout (en contrecollé vergé) à l'aquarelle.

Le lavis classique est fait en général à l'aquarelle dans une teinte claire. On lui ajoute souvent un filet or (ou en papier reliure) de 2 à 3 mm, lui-même cerné par des traits.

Le lavis à l'ancienne est le même que le lavis classique : mais la marge est peinte dans un ton clair, le passe-partout dans un ton plus soutenu. Une bande dorée ou en papier reliure est ajoutée parfois entre deux traits (cas du lavis classique).

Le lavis fantaisie, **le lavis classique et le lavis au pochoir**, présentés ici, vous donnent un aperçu des différentes techniques sur le lavis. Ils vous permettront de réaliser des lavis à écoinçons (angles arrondis), des lavis en trompe-l'œil, des guirlandes, puis des frises et des cartouches avec des pochoirs.

La frise fleurie en parallèle à l'ouverture, reprend un des motifs du sujet ainsi que le moustique (détail du cadre ci-contre). Pour la positionner, j'ai utilisé un compas à balustres et dessiné le motif à la plume, puis aquarellé au pinceau très fin.

Lavis fantaisie

Matériel

- **Ruban adhésif repositionnable.**
- **Des morceaux d'éponge de 4 cm x 4 cm environ.**
- **Un chiffon.**
- **Un peu de peinture**, aquarelle ou gouache.
- **Un contrecollé vergé** de préférence blanc cassé.
- **Un tire-ligne ou stylo plume *Art-pen* ou *Rotring* ou porte-plume.**
- **Une règle antitache** (règle avec un rebord).
- **Un ou deux pinceaux moyens.**
- **Quelques godets.**

Préparation de la marge à lavis

Repérer sur la marge du passe-partout une réserve de 1,5 cm environ avec le gabarit à lavis (voir p. 17, *Cadre avec biseau*) à ± 0,5 cm de l'ouverture de la fenêtre image **FI**. Faire un léger tracé au crayon. Délimiter la marge choisie par des bandes de ruban adhésif repositionnable. Maroufler pour éviter que la couleur ne fuse sous le ruban adhésif (schéma 59).

Schéma 59.

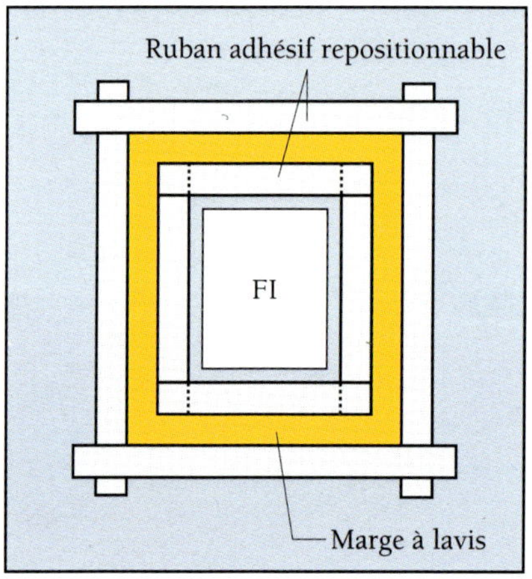

Préparer un jus de peinture dans un petit godet. Accorder la teinte au mieux avec les couleurs du sujet.

Préparer ainsi une, deux, trois couleurs ou plus. Imbiber un morceau d'éponge avec une teinte. Tamponner à intervalles réguliers votre passe-partout dans la marge délimitée par les deux bandes de ruban adhésif.

Bien laisser sécher entre les différentes applications de peinture. Passer ensuite dans les intervalles, une autre couleur si bon vous semble. Cela dépend du sujet et des tons choisis. Lorsque tout est sec, retirer les deux bandes de ruban adhésif. Estomper les traits de crayon. Tracer les traits délimitant le lavis fantaisie au tire-ligne ou au stylo *Art- pen*. Utiliser le jus de peinture du lavis ou une encre Rotring.

Conseils & Astuces

Donner une nuance différente en repassant vos traits.
Accentuer la teinte des traits extérieurs (ceux les plus éloignés du sujet).
Peindre la bande d'habillage du biseau à l'éponge comme le lavis.
Terminer votre cadre comme un cadre classique.

Lavis classique

Préparation de la marge à lavis

Confectionner un échantillon pour déterminer vos marges et les différents traits.

Préparer un contrecollé de 8 x 12 cm.

Repérer sur la largeur les dimensions suivantes de droite à gauche (c'est-à-dire de l'ouverture de la fenêtre-image à l'extérieur du passe-partout) : 3 mm, 4 mm, 16 mm, 5 mm (par exemple). Tirer les traits à l'encre, puis couper cet échantillon à 45°.

Mettre de la couleur s'accordant avec le sujet, puis le placer dans la diagonale de votre passe-partout (schéma 60).

Schéma 60.

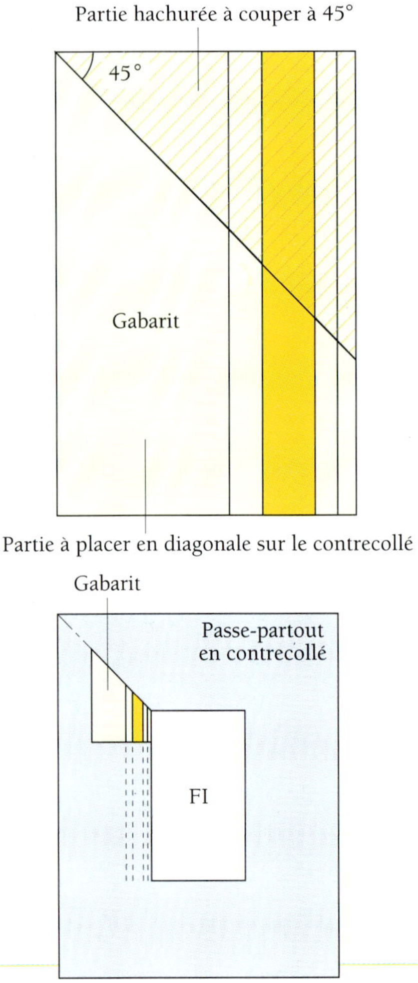

Lorsque votre échantillon vous convient, le reproduire sur votre contrecollé et réaliser votre lavis. Limiter la marge du lavis par du ruban adhésif repositionnable, comme pour le lavis fantaisie.

Mise en couleur

Mouiller la réserve de marge du lavis avec un gros pinceau.

Attention, ayez la main leste, il ne faut pas tremper le papier, seulement l'humidifier.

Laisser évaporer et passer le pinceau chargé de la teinte, en suivant le schéma 61.

Il est nécessaire d'être précis et rapide, afin d'éviter que la couleur ne charge trop le papier. Essuyer la goutte à l'aide d'un autre pinceau (plus fin), pour achever le travail.

Schéma 61.

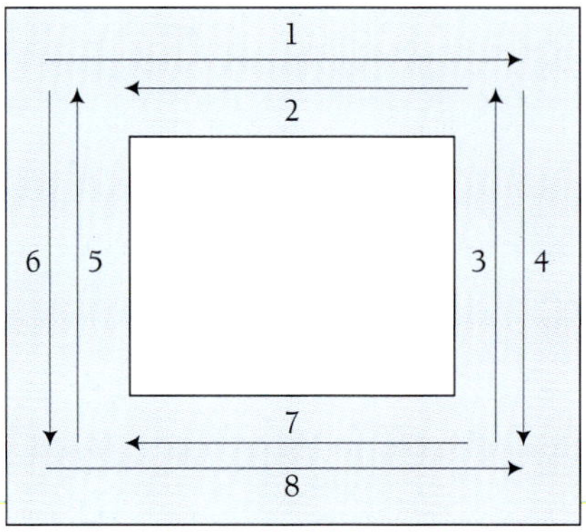

Terminer en enlevant le ruban adhésif repositionnable, puis estomper les traits de crayon délimitant le lavis et tracer ces traits à l'encre ou encore à l'aquarelle diluée dans le ton du lavis.

Pour ajouter un filet de papier reliure ou de papier doré, le poser dans l'espace réduit le plus proche du sujet (voir *Cadre avec biseau, pose de filet*, page 17).

Passer la même couleur sur la bande de papier à biseau. Terminer votre encadrement.

Si vous avez raté votre lavis, inutile de le jeter. Tout est récupérable ! Il suffit de remplacer la couleur « ratée » par une bande de papier reliure ou un galon. Vous obtenez ainsi quelque chose d'original ! Vous pouvez aussi passer une autre teinte à l'éponge comme pour le lavis fantaisie.

Vous pouvez aquareller une gravure en noir et blanc et reprendre une des nuances pour teinter votre lavis.

Lavis au pochoir

Le modèle présenté est réalisé avec un des pochoirs que j'ai personnellement créés pour ÉLÉONORE DÉCO.

En l'agrémentant d'un « cartouche » (voir photo page 49), le titre de l'œuvre apparaît dans l'emplacement réservé à celui-ci.

Les différentes frises et cartouches appliqués sur le passe-partout sont une finition facile à réaliser grâce à ces pochoirs.

Cartouche

Cartouche ajouté en bas ou en haut du passe-partout

Pour insérer celui-ci, mesurer le milieu de la marge du bas. Poser le pochoir milieu sur milieu. Appliquer la couleur désirée dans l'emplacement réservé au cartouche. Laisser sécher.

Inscrire le titre à l'encre ou à l'aide de lettres transfert. Terminer l'encadrement selon la technique choisie.

Détails de cartouche dans les angles du passe-partout

Procéder comme précédemment. Tracer très finement la diagonale de chaque angle sur le passe-partout. Positionner le pochoir « cartouche » dans les quatre angles en suivant les repères milieu et hauteur. Appliquer la couleur et terminer votre encadrement (schéma 62).

Schéma 62.

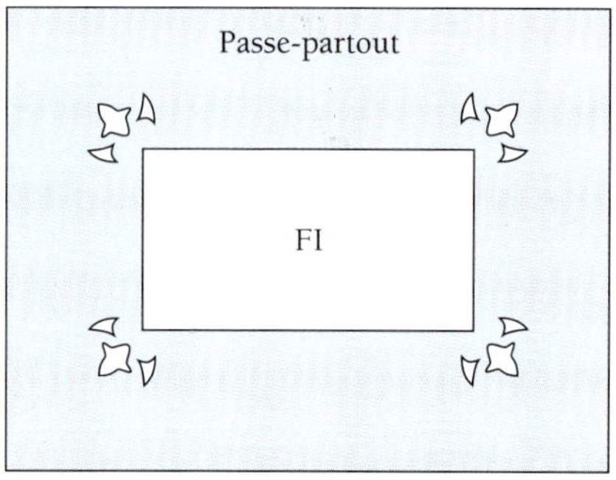

Frises

Délimiter légèrement au crayon la marge extérieure du futur lavis sur le passe-partout. Poser le pochoir sur ce trait. Utiliser les repères des pochoirs ou les lignes. La frise ainsi délimitée, appliquer la couleur (bâton à l'huile).

Vous pouvez affiner l'ensemble en cernant la frise obtenue par des traits à la plume. Utiliser de l'encre de Chine ou de l'aquarelle suivant l'effet recherché.

Kiwi
poire
4
raisin
1
2
3
cerise
mûre

Encadrer une broderie, une tapisserie ou une toile

Plusieurs cas peuvent se présenter :
– encadrement d'une broderie (abécédaire, par exemple) avec ou sans passe-partout ;
– encadrement d'une tapisserie ;
– encadrement d'une toile avec tension sur châssis.

Encadrement d'une broderie

Matériel

♦ **Un carton de fond de 2 mm.**

♦ **Un carton de 2 mm** (3 mm si la broderie est grande).

♦ **Un morceau de molleton d'ameublement** de la dimension de la broderie.

♦ **Un verre.**

♦ **Une baguette.**

♦ **Un carton de 3 mm en plus** (cas d'un cadre avec biseau).

♦ **Un passe-partout** (cas d'une broderie avec passe-partout).

♦ **Clous de tapissier n° 7.**

Couper les cartons aux dimensions choisies pour le cadre final.

Dans le cas d'une broderie avec marge

Si la broderie comporte une bordure de plusieurs centimètres, calculer une marge suffisante mais pas trop grande pour dégager les « points » de broderie de l'extérieur. Marquer les milieux des quatre côtés à l'aide d'épingles à têtes (schéma 63a).

Schéma 63a.

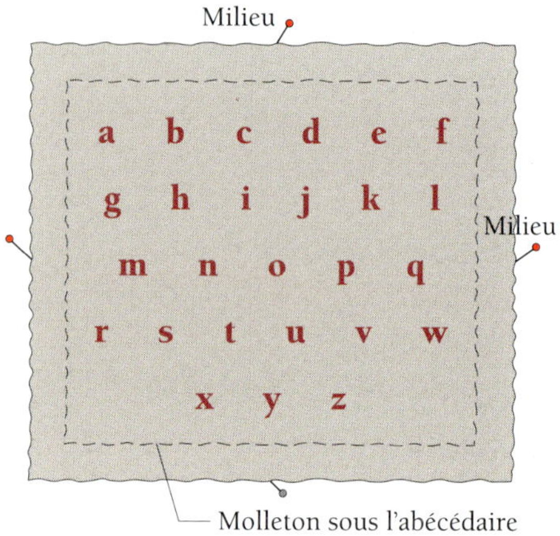

Poser le molleton sous la broderie. Repasser l'ensemble à la pattemouille avec un fer à vapeur. Mettre 4 épingles dans les milieux côtés du carton de 2 mm (schéma 63b).

Schéma 63b.

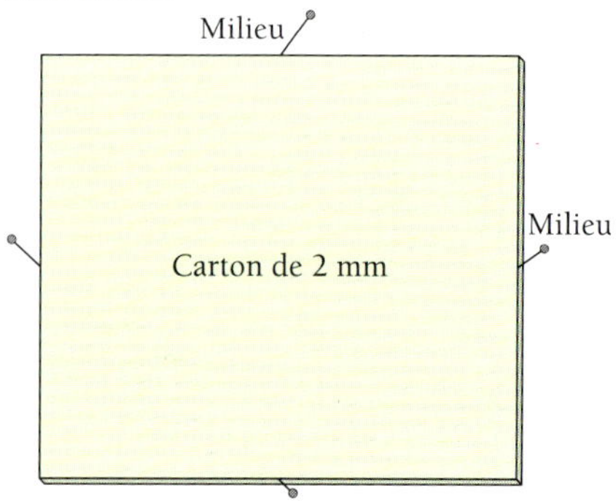

Poser la broderie sur le carton de 2 mm. Superposer les épingles des milieux. Avec des épingles, continuer à fixer la broderie au carton (mettre les épingles sur la tranche) en travaillant successivement deux côtés en parallèle. Fixer de la même façon les deux autres côtés (schéma 64).

Schéma 64.

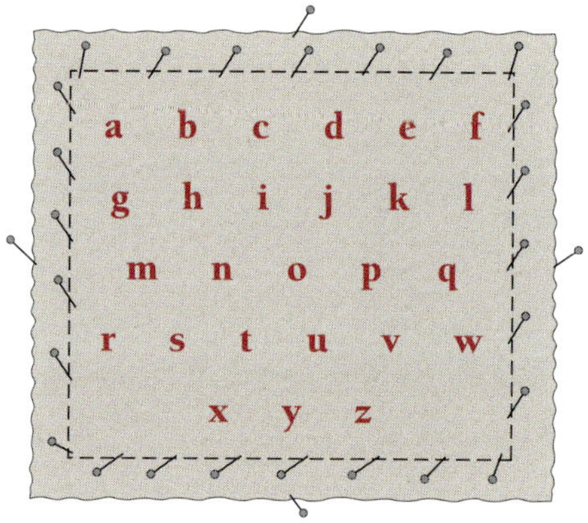

Carton de 2 mm recouvert par l'abécédaire; milieux sur milieux épingler le tour de la broderie sur le carton

L'excès de marge en tissu est rabattu sur l'envers du carton. Le coller sur quelques cm et poser une bande de kraft blanc pour terminer (schéma 65).

Schéma 65.

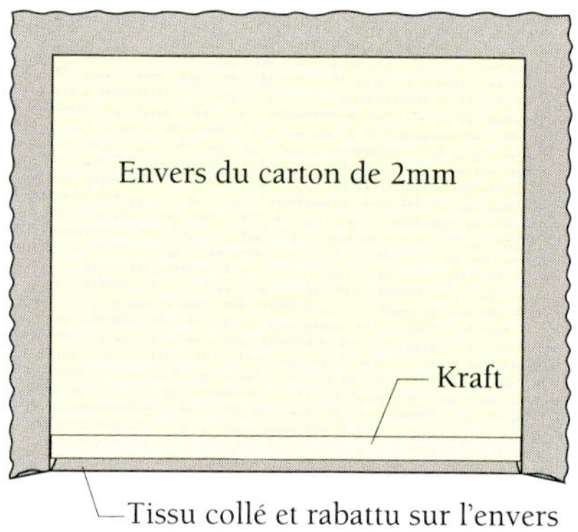

Poser l'anneau sur le carton de fond. Superposer les éléments suivants : carton de fond, carton de 2 mm avec la broderie, le verre. Fermer le paquet

Terminer votre cadre normalement.

Dans le cas d'une broderie sans marge

C'est souvent celui des broderies anciennes où l'on brodait sans perte de tissu. Épingler la broderie sur le carton de 2 mm (comme précédemment).

Coudre la broderie par grands points (avec un fil solide type chinois) d'un côté à l'autre sur toute la largeur du dos du carton. Faire d'autres points sur la hauteur perpendiculairement. À chaque point, prendre quelques millimètres de tissu en haut et en bas, puis d'un côté à l'autre et tendre progressivement la broderie (schéma 66). Terminer le cadre comme ci-dessous.

Schéma 66.

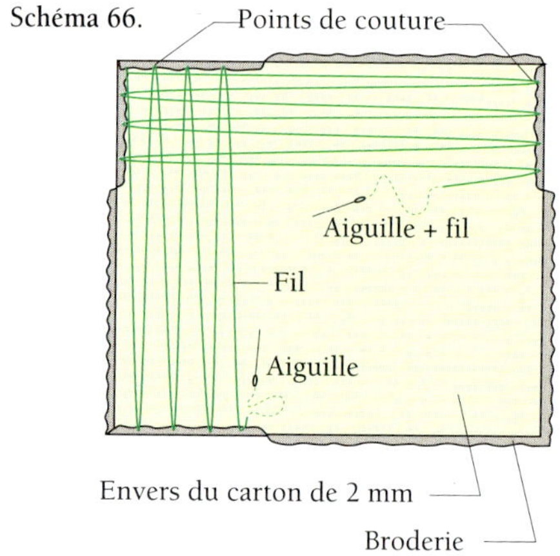

Dans le cas d'une broderie avec passe-partout (photo ci-contre)

La broderie étant fixée, calculer la marge et faire un encadrement avec biseau à 45° (voir page 12). Dans ce cas, le carton support de la broderie est à la dimension du paquet. La broderie est tendue sur celui-ci, puis collée et kraftée en dehors des limites de la fenêtre-image **FI** (schéma 66b).

Schéma 66b.

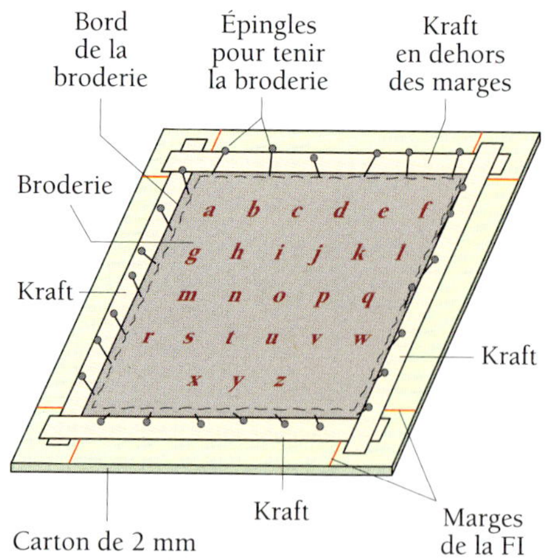

Encadrement d'une tapisserie

En principe on la tend sur un carton (dans le cas d'une petite tapisserie) ou une planche de contreplaqué de quelques millimètres, si elle est plus grande.

Les tapisseries que l'on encadre sont souvent déformées. On ne peut alors les tendre. Voici comment procéder.

Prendre une planche. Marquer les milieux tapisserie et planche. Fixer la tapisserie aux quatre repères milieux et sur l'envers a l'aide de petits clous à moitié enfoncés. Le dessin est face à la planche (schéma 67).

Schéma 67.

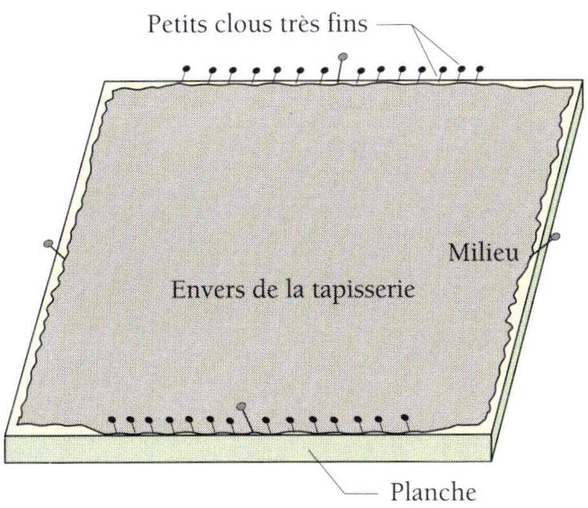

Attention à ne pas endommager la tapisserie, clouter à moitié sur les bords extérieurs hors de portée des points de la tapisserie.

À partir de ces repères, mettre le maximum de petits clous possible.

Humecter la tapisserie sur l'envers à l'aide d'une éponge propre ou d'un chiffon mouillé.

Faire un essai dans un coin pour vérifier auparavant que les couleurs ne fusent pas. Dans ce cas, utiliser un fer à vapeur à quelques centimètres de la tapisserie pour la détendre. La tapisserie ainsi détendue, fixer les derniers petits clous provisoires. Laisser sécher. Lorsque la tapisserie a repris sa forme rectangulaire, la détacher de la planche.

La tendre à l'endroit sur un châssis. Clouter avec des pointes de tapissier n° 7. On peut éventuellement la fixer sur une planche mais ce n'est pas conseillé. Mettre le cadre final. En principe, on ne met pas de verre pour ce genre d'ouvrage.

Encadrement d'une toile

Dans le cas d'une toile sur châssis

Le plus souvent, une toile s'encadre avec une baguette en direct. On peut mettre sous la baguette de finition une petite baguette que l'on appelle Marie-Louise. Elle est souvent habillée d'une toile bise. On peut aussi mettre le revêtement de son choix sur une Marie-Louise brute ou la peindre.

Dans le cas d'un carton toilé

Le montage est le même que pour un cadre normal. Le verre de protection n'est pas nécessaire pour le sujet peint sur ce carton toilé, mais dans le cas d'un encadrement avec un passe-partout, il est préférable de le mettre.

Dans le cas d'une toile non tendue

Mesurer la toile en laissant 2 à 3 cm de marge pour la tendre sur le châssis.

Confectionner un cadre à châssis aux dimensions déterminées.

Le châssis est fait d'une baguette en bois comportant une pente. Le dessus du cadre est le côté pente afin que la toile ne repose pas en direct sur le bois (schéma 68).

Schéma 68.

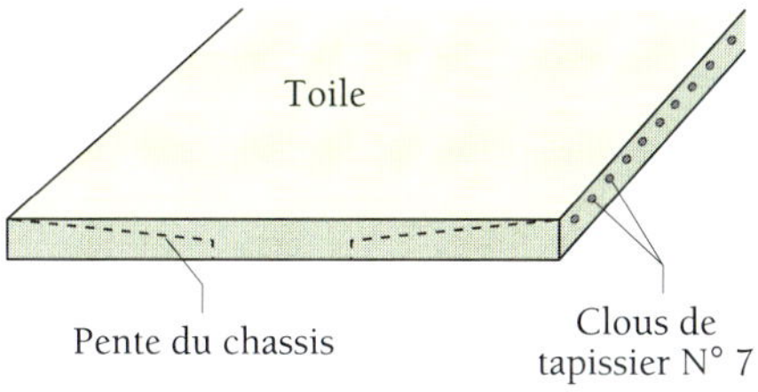

Marquer les milieux toile et châssis. Fixer les quatre milieux. Les clous de tapissier n° 7 sont enfoncés sur le dos du châssis extérieur à quelques millimètres du haut. Tendre et clouter la toile avec une pince à tendre. La plier aux quatre angles et clouter. Fixer le cadre en bois au châssis par des petites pointes ou des tournettes à ressorts.

Encadrer une photo

L'encadrement d'une photo est délicat. Quel que soit le type d'encadrement choisi, en général, je fixe la photo sur une carte bulle.

Après avoir délimité sur la carte bulle l'emplacement fenêtre-image de la photo, encoller la carte bulle.

Positionner la photo dans les repères délimités et à l'aide d'un buvard ou à défaut d'une chute de carte bulle, maroufler la photo.

Les photos ont tendance à gondoler, il est donc indispensable de chasser les bulles. Mettre sous presse et attendre quelques heures avant de continuer.

Certains utilisent du *Carfix* (carton contrecollé) qui demande plus de soin ; il faut enlever la pellicule de protection et appliquer la photo en marouflant progressivement.

Pour les grands formats, utiliser de la colle en bombe. La passer dans l'emplacement réservé à la photo sur la carte bulle et appliquer la photo en marouflant comme précédemment. Il m'arrive aussi de mettre des bandes de kraft blanc comme pour les sujets de valeur. Tout dépend de la photo. Les photos anciennes s'adaptent à ce genre de fixation.

Mais, il faut faire très attention à ne pas mouiller celle-ci, elle serait alors détériorée, les pigments s'altérant au contact de l'eau.

Pour les photos anciennes, j'ajoute très souvent un lavis très sobre. Une photo en noir et blanc supporte un lavis fait de traits à l'encre ou à l'aquarelle, un jus d'aquarelle sépia convient parfaitement.

Les photos couleurs supposent un encadrement simple ou parfois fantaisie comme ci-dessous.

Le papier reliure également est un bon complément pour mettre en valeur une photo.

Laisser aller votre créativité pour une photo originale. Ici, les filets imitent une fenêtre comme celle de la photo.

Biseau français

Appelé aussi biseau fantaisie, il donne de la profondeur à l'encadrement. Le sujet se trouve ainsi mis en valeur par la notion de relief. Il s'adapte à tous les sujets et il se monte de plusieurs façons.

Plus vous voulez donner de profondeur, plus la pente devra être claire, ce n'est pas une règle mais une constatation faite au fil du temps.

Le montage du biseau français ou fantaisie est la base des techniques qui vont suivre.

Le modèle présenté comporte des coupes dans les angles avec rappel du revêtement choisi pour les pentes.

La pente du biseau français du modèle Bécassine (détail ci-dessus) est doublée d'un papier jaune évidé de losanges collés sur un premier support blanc.

Matériel

- ♦ **Un carton de fond de 2 mm**.
- ♦ **Une carte bulle** (pour le sujet).
- ♦ **Une carte bulle support ouverte aux dimensions de la fenêtre-image**.
- ♦ **Deux cartons à biseaux de 3 mm**.
- ♦ **Une carte bulle pour le passe-partout** (ou contrecollé).
- ♦ **Une chute de carte bulle** pour l'habillage des pentes.

Pour réussir le biseau français, il est indispensable de vérifier l'équerrage de tous les éléments à chaque étape du montage. Marquer tous les cartons et cartes bulle avec les repères **X** et **O**.

Calcul de la marge

La marge totale **M** doit être suffisante pour dégager le sujet : au moins 7, voir 9 cm ou plus. Elle comprend la pente dont la base mesure en général 2 cm (schéma 69).

Ouverture des trois éléments constituant le biseau français

Toutes les ouvertures se font à angle droit, soit à 90°. Ouvrir la carte bulle support aux dimensions de la fenêtre image **M** = marge totale.

Ouvrir les deux cartons à biseau à la marge **m = M** – 2 cm.

Ouvrir le passe-partout à la marge **m = M** – 2 cm ou **m = M** – 2,1 cm, si vous voulez insérer un filet (schémas 70a et b).

Coller ensuite les deux cartons à biseau entre eux. Faire un tracé à **m** sur la carte bulle support, ce tracé vous guide pour coller les deux cartons à biseau sur celle-ci.

Coupe des pentes du biseau français

Mesurer la pente du montage avec votre réglet. La pente se mesure du dessus de l'ouverture des cartons de 3 mm jusqu'à la carte bulle support. En général, on trouve entre 2,1 à 2,3 cm selon l'épaisseur des cartons. Prenons une pente de 2,2 cm. Tailler quatre bandes de 2,2 cm de large dans la chute de carte bulle :

– **deux longueurs** correspondant à la dimension de la longueur de l'ouverture des cartons à biseau.

– **deux hauteurs** correspondant à la dimension de la hauteur de l'ouverture des cartons à biseau.

L bandes de pente : **L FI** + (2 x 2 cm)

H bandes de pente : **H FI** + (2 x 2 cm)

2 cm = distance entre **FI** et cartons de 3 mm (schéma 71a).

Schéma 69.

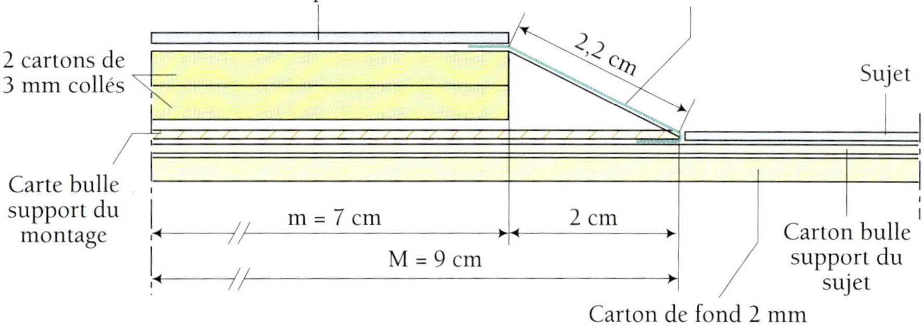

Schéma 70a.

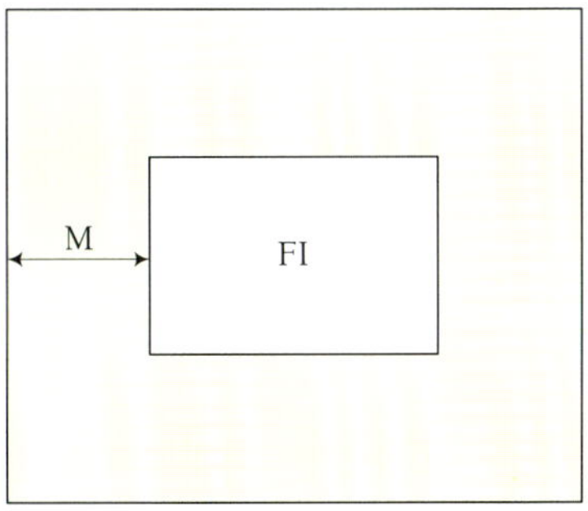

Carte bulle support du montage

Schéma 70b.

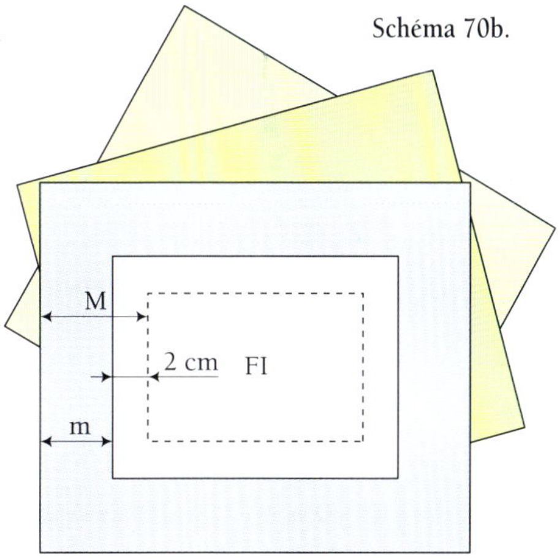

2 cartons de 3 mm et passe-partout

Biseau français (suite)

Les pentes horizontales (celles qui recouvrent les hauteurs) sont taillées en biais dans les angles (schémas 71a et b).

Adoucir légèrement à la poncette les quatre côtés de chacune des quatre « pentes ». Ceci évite les surépaisseurs lors de l'assemblage final. Coller ensuite ces quatre pièces sur le papier (ou le tissu contrecollé) choisi + 2 cm de marge de chaque côté (schéma 72).

Schéma 71a.

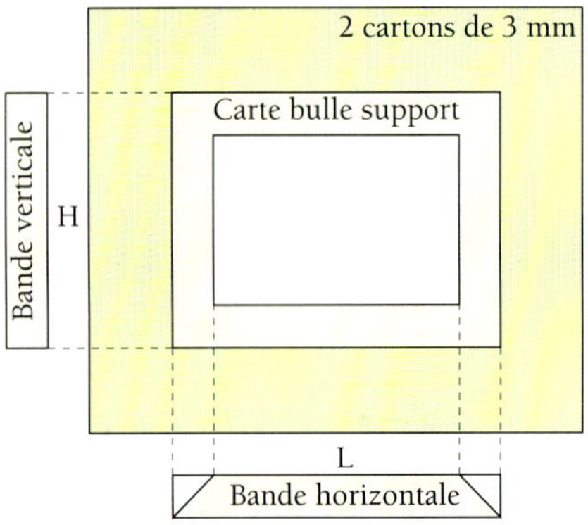

Schéma 71b.

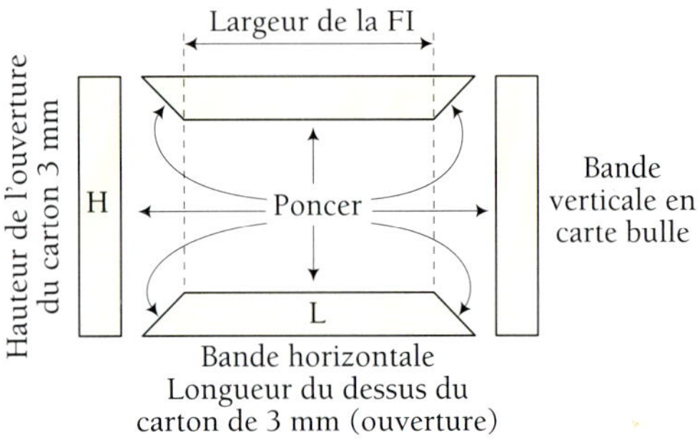

Schéma 72.

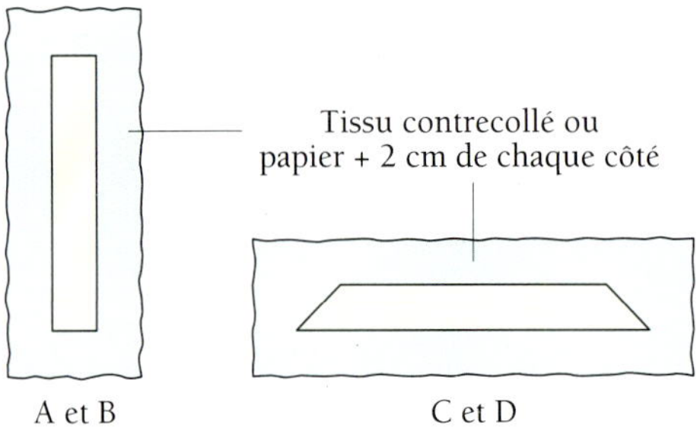

Assemblage des éléments

Prendre les deux bandes verticales **A** et **B**. Ce sont les deux rectangles. Couper le papier (ou le tissu) selon le schéma 73.

Schéma 73.

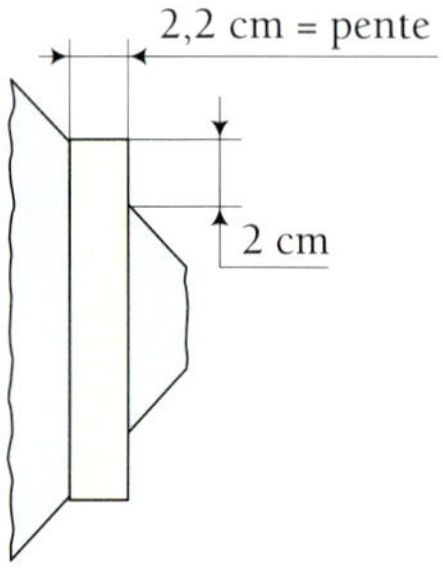

Coller ensuite ces deux bandes sur les deux côtés verticaux du montage.

Attention : ajuster la bande sur le bord supérieur des cartons de 3 mm sans chevauchement. Rabattre l'excès d'habillage sur le dessous du montage.

Prendre les deux bandes horizontales **C** et **D** :

Ce sont les deux trapèzes.

Couper le papier (ou le tissu) selon le schéma 74a. Rabattre et coller les languettes sur le dessous de la pente (schéma 74b).

Schéma 74a.

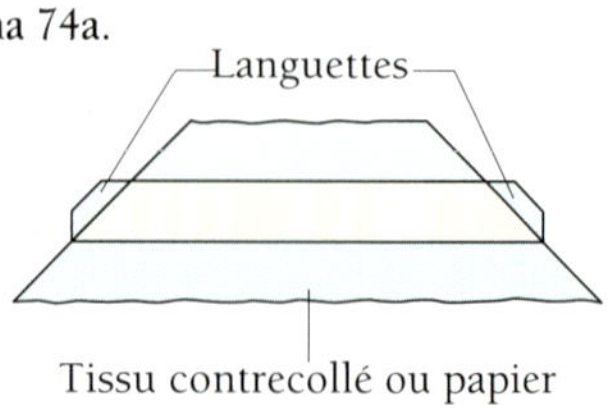

Schéma 74b.

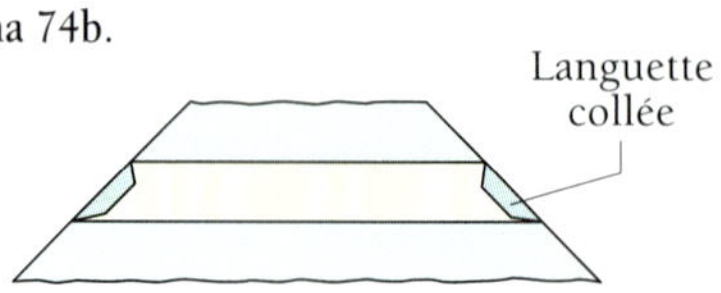

Coller en finale les bandes C et D pardessus les bandes A et B. Une fois le montage des pentes terminé, habiller votre passe-partout et le coller sur le montage.

Si vous avez laissé un espace pour insérer un filet sous le passe-partout, vous devez d'abord coller ce filet avant d'appliquer le passe-partout sur le montage (voir page 17).

Le biseau français ainsi réalisé, vous pourrez plus tard l'agrémenter d'un lavis si vous utilisez du papier pour l'habillage. Je vous conseille pour maîtriser cette technique de vous entraîner au début avec du tissu contrecollé ou des papiers assez résistants.

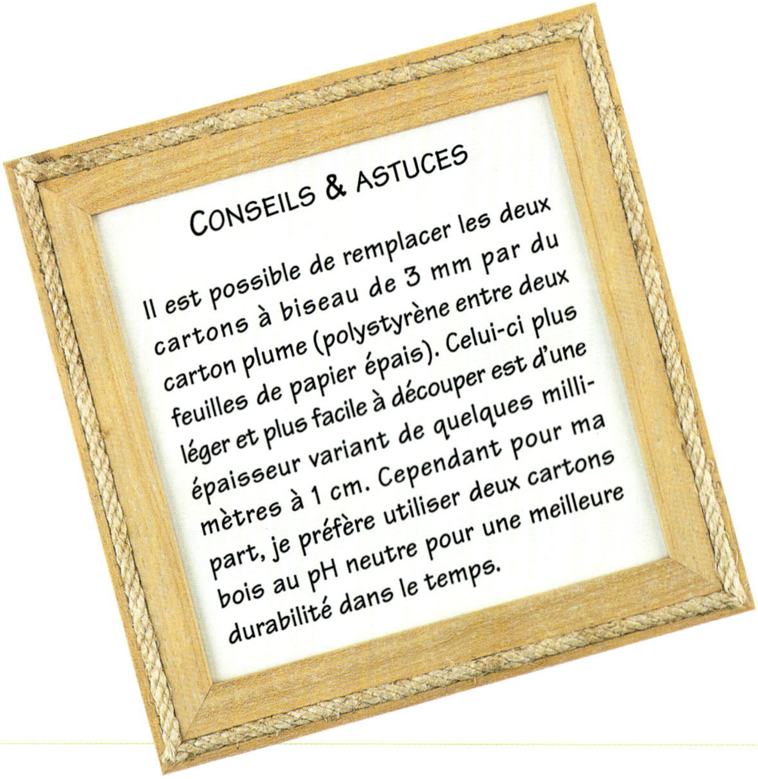

Biseau français simplifié

Le montage est le même que pour le biseau français décrit auparavant jusqu'à la **coupe des pentes** *qui se fait en direct avec le papier de recouvrement. Il permet deux finitions, l'une concave (en creux) et l'autre convexe (en relief).*

Pour les pentes, s'il s'agit d'un papier, on peut soit le peindre, soit faire un lavis ou encore faire des perforations et doubler d'un papier de couleur.

Coupe des pentes du biseau français simplifié

Dans le papier de recouvrement, couper quatre bandes de 6 cm de large :

– deux longueurs de la longueur de l'ouverture du carton à biseau du dessus + 3 cm ;

– deux hauteurs de la hauteur de l'ouverture du carton à biseau du dessus + 3 cm.

Faire une marque au plioir sur chaque bande, à 1,5 cm de hauteur (schéma 75).

Schéma 75.

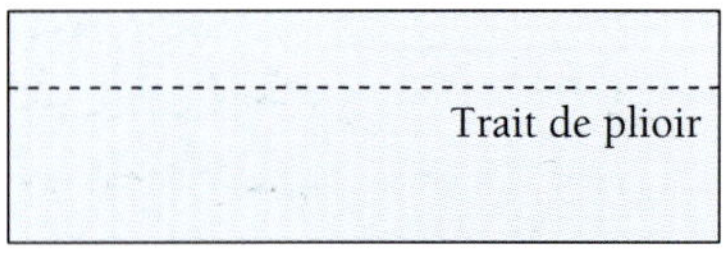

Couper les 2 bandes hauteurs correspondant à l'habillage vertical du montage suivant le schéma 76.

Schéma 76.

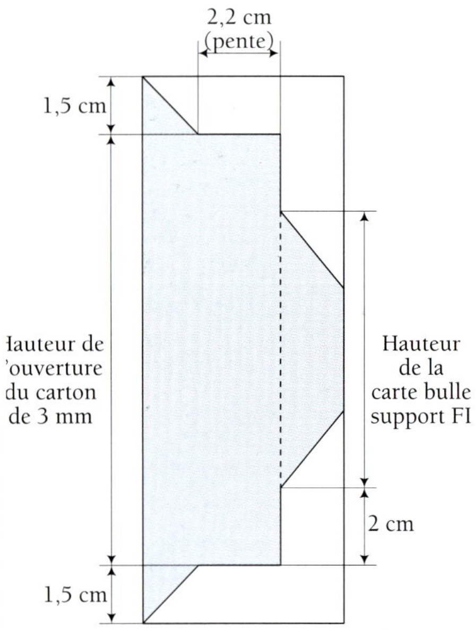

Bande verticale

Schéma 77.

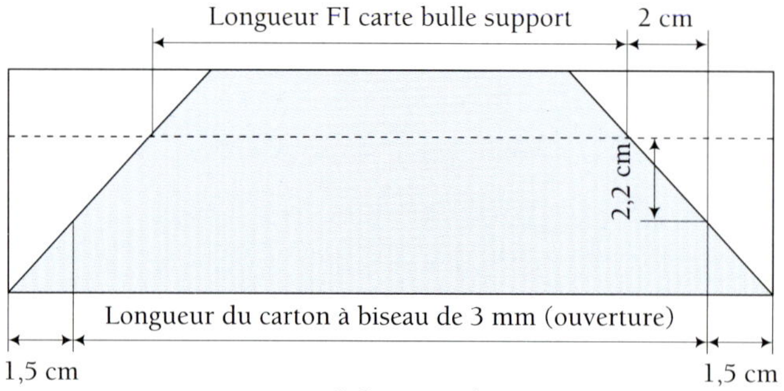

Bande horizontale

Faire de même avec les bandes horizontales (schéma 77).

Attention : les bandes horizontales recouvrent les verticales. Tailler les angles à 45°.

Assemblage des bandes d'habillage

Pour coller ces bandes, commencer toujours par les deux bandes verticales et terminer par les deux bandes horizontales.

Montage concave (schéma 78)

Schéma 78.

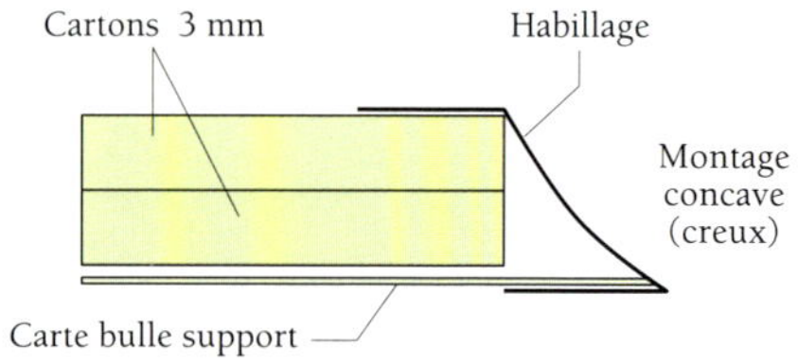

S'il s'agit d'un papier

Humidifier l'envers du papier correspondant à la pente. Encoller la partie venant s'appliquer sous la carte bulle support.

Appliquer la bande, maroufler, puis rabattre de façon concave (en creux) la bande de papier sur le montage. Avec le pouce façonner le papier de façon concave. Laisser sécher.

S'il s'agit d'un tissu contrecollé

Coller sur l'envers de la partie pente, une bande de kraft blanc pour pouvoir façonner la forme concave.

Montage convexe (schéma 79)

Schéma 79.

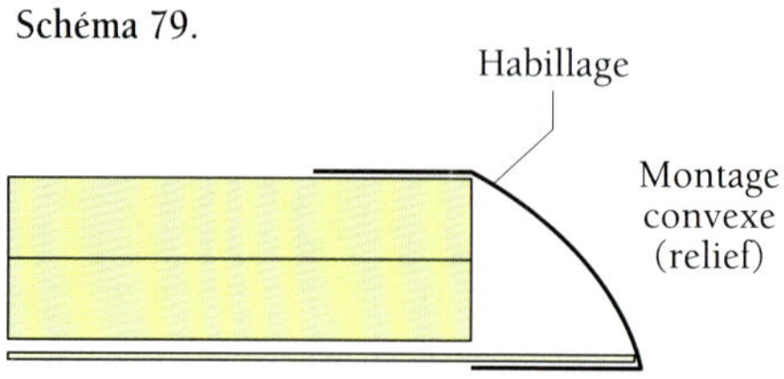

Avant de coller la bande, façonner l'arrondi sur un manche à balai.

Doubler si nécessaire de kraft blanc comme le concave.

Pour garder le « gonflant » ou le relief convexe : glisser sous chaque bande un rouleau de papier de la dimension des **L** et **H** de la **FI** (schéma 80), ou à défaut du molleton d'ameublement, mais cette matière synthétique ne vieillit pas bien).

Terminer le montage comme pour le biseau français.

Schéma 80.

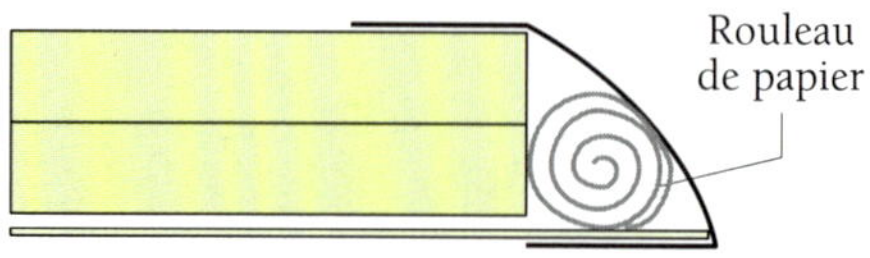

Montage convexe relief

Biseau français avec coins arrondis

Le montage est presque le même que pour le biseau français. Mais cette fois, les angles qui étaient perpendiculaires sont arrondis.

Biseau français avec coins arrondis (suite)

Matériel

- Même matériel que le biseau français.
- Un bristol blanc supplémentaire pour la pente (ou cartonnette).

Calcul de l'arrondi des angles

Toutes les ouvertures se font à 90° et en arrondi.

La marge **M** est la marge totale à partir de la fenêtre image (au moins 7 cm).

m = M - 2 est la marge des cartons de 3 mm servant au montage et celle du passe-partout.

Faire un tracé à **m** sur les 2 cartons de 3 mm et le passe-partout (schéma 81).

Schéma 81.

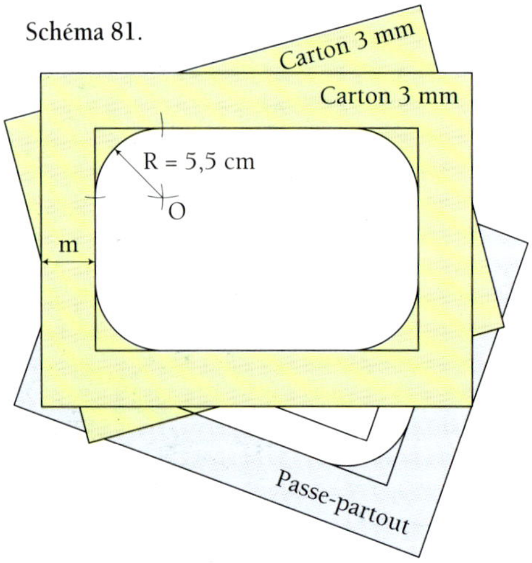

Faire deux repères sur les côtés à partir de chaque angle, compas ouvert à **R** = 5,5 cm (par ex.)

Puis de ces repères tracer deux arcs de cercle.

Le point de rencontre de ces deux arcs détermine un point **O**.

À partir du point **O**, tracer au compas les arrondis (schéma 81).

Faire un tracé à **M** sur la carte bulle support.

Recommencer la même opération que pour le carton à biseau.

Attention : cette fois-ci votre compas est ouvert comme suit :

5,5 cm – 2 cm (largeur de la pente) : **r = 3,5 cm** (schéma 82)

Schéma 82.

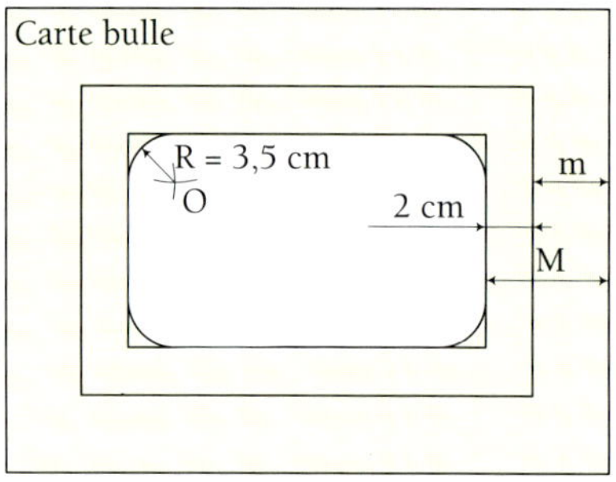

Faire un tracé à **m** et **M'** sur le bristol **M'** = **m** + 2,2 cm (pente)

Ouvrir le compas à **R** = 5,5 cm et faire les tracés en arrondi (comme ci-dessus).

Ouvrir le compas à **r'** = 3,3 cm et faire les mêmes tracés en arrondi. Le rayon **r'** = 3,3 cm se calcule en fonction de la pente (voir p. 60, *Biseau français*).

R – **r'** = 5,5 – 3,3 = 2,2 cm (profondeur de la pente) (schéma 83).

Schéma 83.

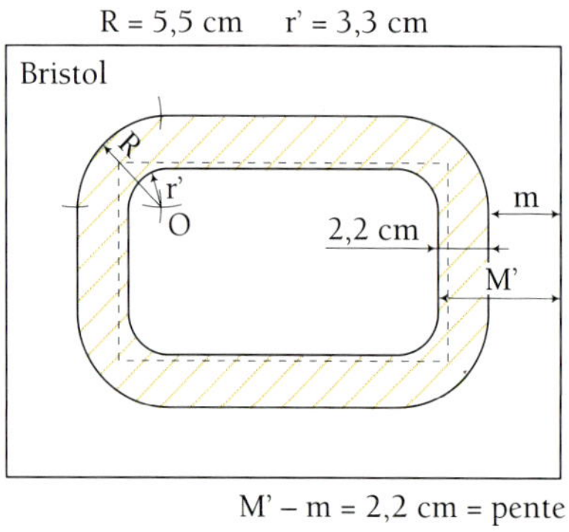

Ouverture des trois éléments du biseau en angles arrondis

Ouvrir à 90° (coupe droite) :

– le passe-partout ;

– les 2 cartons de 3 mm et les coller entre eux ;

– la carte bulle support et la coller sous les 2 cartons assemblés ;

– le bristol (on obtient une bande de 2,2 cm de large en arrondi (genre circuit de voiture !).

Finition du montage

Reprendre la bande bristol.

La recouvrir de son habillage en le laissant déborder tout autour de 1,5 cm.

Pratiquer des petites encoches pour les 4 angles en arrondi jusqu'à 1 mm du bristol (schéma 84).

Schéma 84.

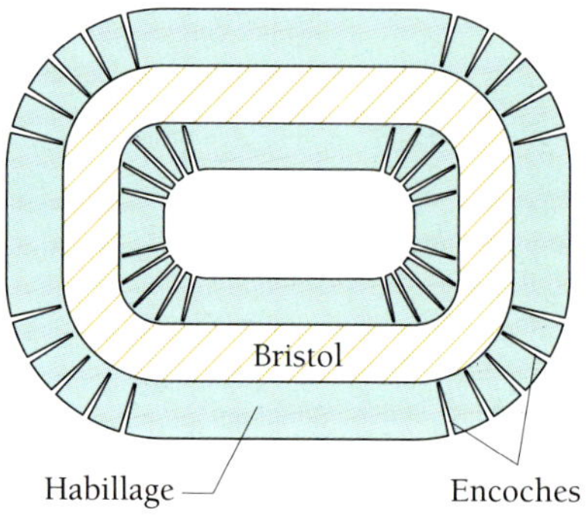

Coller sur le montage. Les franges s'appliquent en dessous et en dessus du montage (cartons de 3 mm + carte bulle support)

Le montage circulaire de la pente ainsi réalisé, terminer votre encadrement comme pour le biseau français.

Pour l'arrondi :

R > 5,5 cm ou **R** = 5,5 cm (cartons à biseau)

r = **R** – 2 cm (largeur de la pente) = 3,5 cm (carte bulle support)

r' = **R** – 2,2 cm = 3,3 cm (2e rayon pente)

Biseau français avec angles arrondis inversés

Biseau français avec angles arrondis inversés (suite)

Le montage est l'inverse du biseau français avec coins arrondis (voir p. 65) : les coins arrondis empiètent sur la fenêtre-image. Pour cela, il est préférable de choisir un sujet centré sur un fond uni pour ne pas en masquer une partie.

Schéma 85.

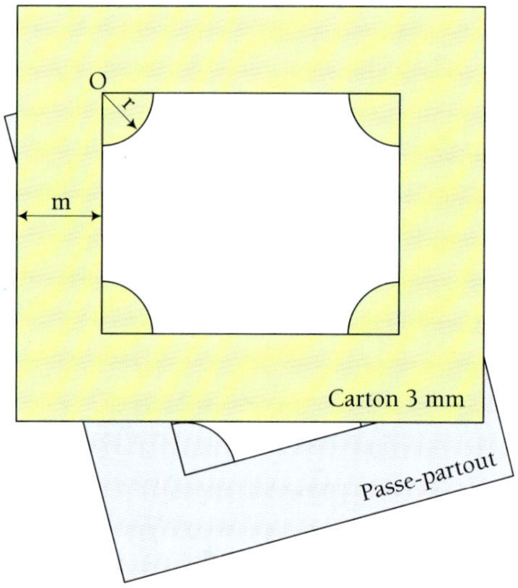

Schéma 86.

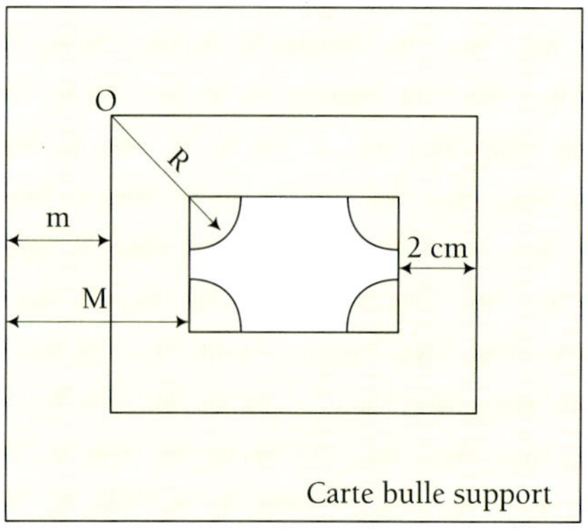

Schéma 87.

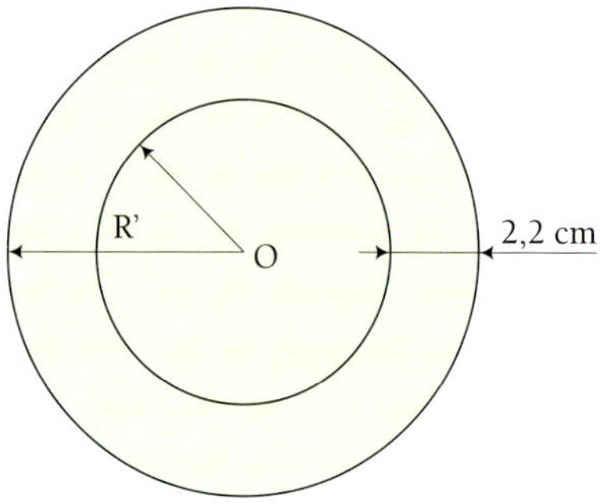

Pour l'habillage des pentes, on utilise huit morceaux :

- 4 rectangulaires ;
- 4 en arcs de cercles.

Matériel

♦ **Même matériel que pour le biseau français.**

♦ **Une carte bulle supplémentaire** pour les angles en arrondis.

Calcul de l'arrondi des angles

Toutes les ouvertures sont droites. La marge **M** est la marge totale à partir de la fenêtre-image. La marge **m** = **M** – 2 est celle des cartons de 3 mm et du passe-partout.

Faire un tracé à **m** sur les cartons de 3 mm et le passe-partout. Ouvrir le compas à **r** = 1,8 cm (ou plus). Tracer l'arc de cercle des quatre angles (schéma 85).

Faire un tracé à **m** et **M** sur la carte bulle support. Tracer l'arc de cercle des 4 angles de **m**.

Attention : votre compas est ouvert à **R** = **r** + 2 cm ; donc **R** = 1,8 cm + 2 cm, soit **R** = 3,8 cm (schéma 86).

Dans la carte bulle supplémentaire faire deux cercles de centre **O** et de rayons **r** = 1,8 cm et **R'** = 4 cm.

R' = 4 cm car la pente du biseau français mesure en général 2,2 cm.

Donc **R'** = **r** + pente = 4 cm, soit **R'** = 1,8 cm + 2,2 cm = 4 cm (schéma 87).

Ouverture et montage des éléments du biseau en arrondi inversé

Ouvrir à 90° le passe-partout, les deux cartons de 3 mm (les coller entre eux) et la carte bulle support (la coller sous les deux cartons de 3 mm).

Couper la carte bulle suivant les deux cercles (schéma 88).

Schéma 88.

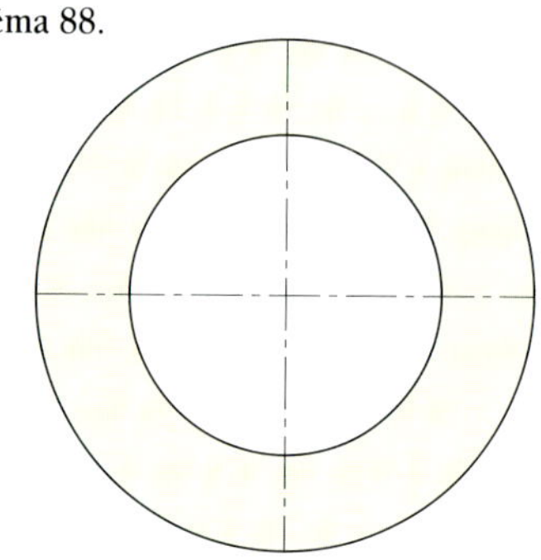

On obtient une roue évidée au milieu. Fractionnez-la en quatre (schéma 89). On obtient 4 arcs de cercle.

Schéma 89.

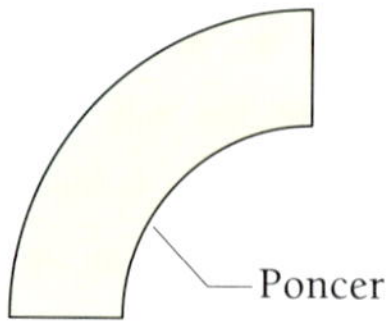

Les pentes

Elles comportent huit morceaux :

- 4 rectangles ;
- 4 arcs de cercle.

Schéma 90.

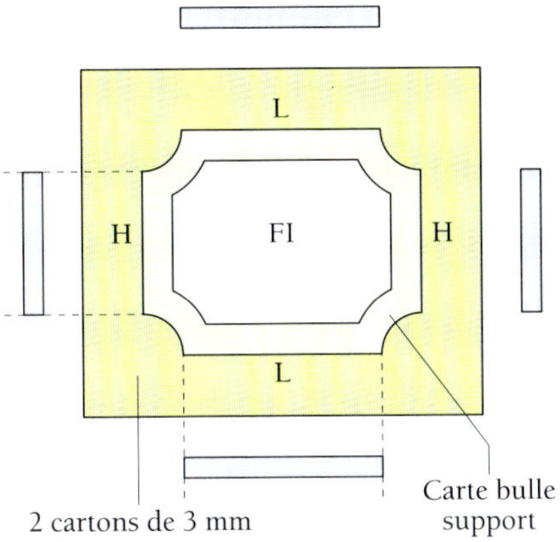

Les quatre rectangles (schéma 90)

Couper quatre bandes dans la carte bulle de 2,2 cm (mesure de la pente) :

– 2 hauteurs de la dimension de l'ouverture H du carton à biseau :

H = FI + (2 x 2 cm) ;

– 2 longueurs de la dimension de l'ouverture L du carton à biseau :

L = FI + (2 x 2 cm).

Poncer le côté intérieur de chaque bande comme pour le biseau français.

Les coller sur le papier ou tissu contrecollé choisi avec 1,5 cm de plus pour remborder.

Biaiser légèrement les angles des 2 grands côtés (schémas 91a et b) afin que les pentes s'appliquent correctement sur le montage. Coller sur le montage (schéma 92).

Schéma 91a.

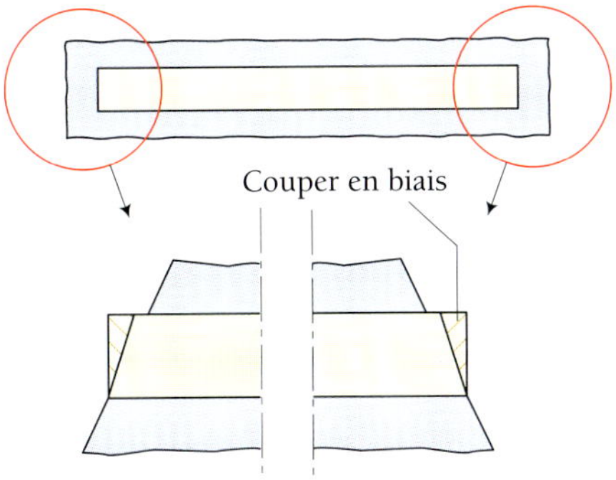

Schéma 92.

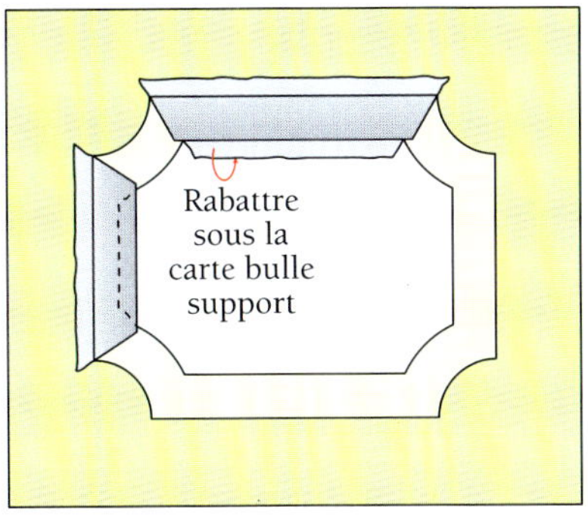

Schéma 93a.

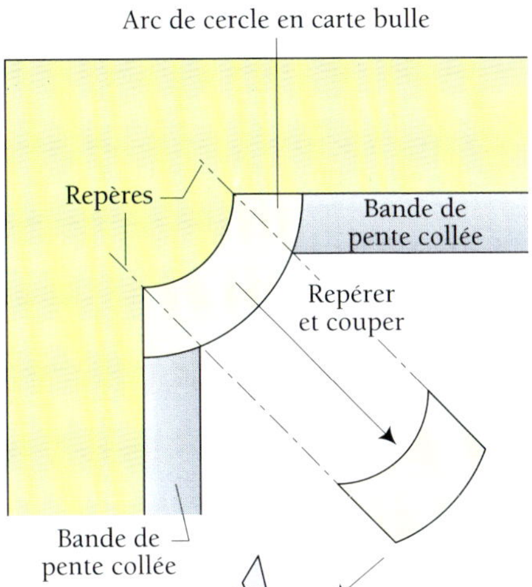

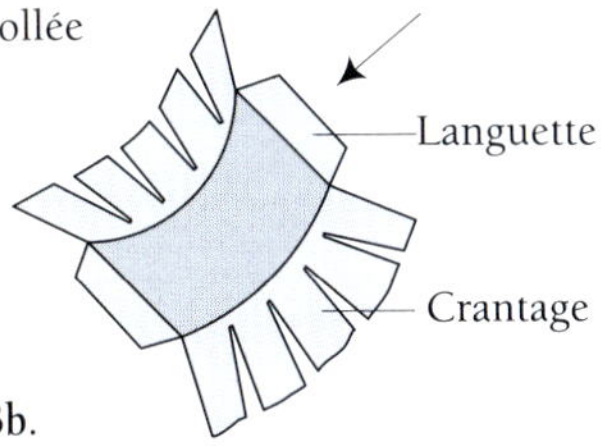

Schéma 93b.

Les quatre arcs de cercles

Les appliquer sur les quatre angles et marquer par un trait de crayon le point de jonction avec les pentes déjà collées. Couper suivant le tracé déterminé (schéma 93a).

Poncer chaque arc de cercle. Les coller sur l'habillage et remborder les languettes sur l'envers. Cranter les arrondis. Fixer au montage (schéma 93b).

Montage final

Recouvrir le passe-partout. Cranter les arrondis dans les angles et coller sur le montage.

Schéma 93c.

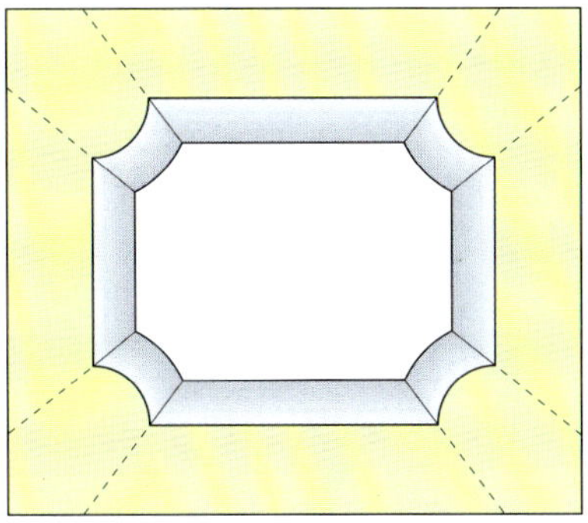

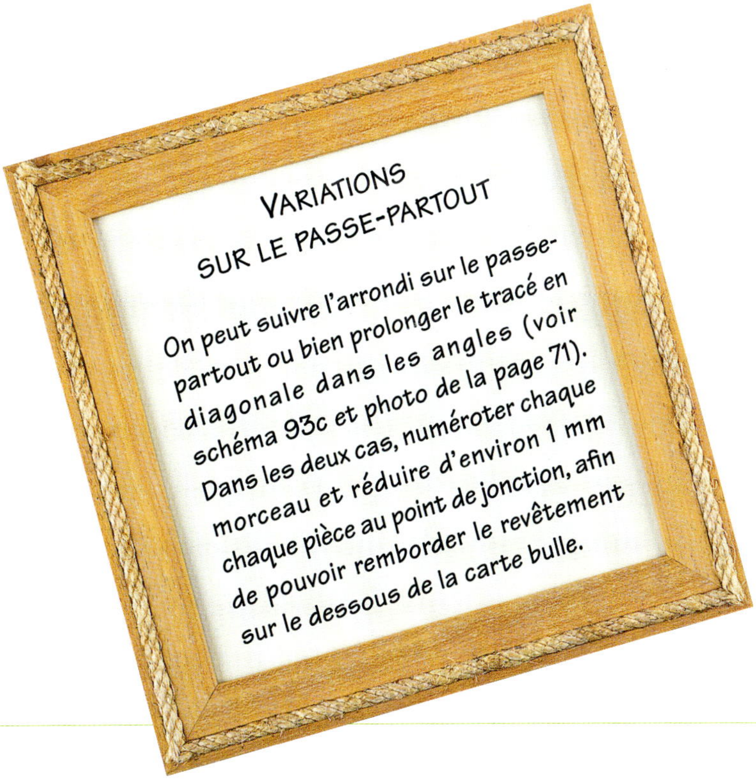

Biseau français inversé

Le montage rappelle celui du biseau français, mais cette fois les pentes sont inversées. La technique de montage final est celle du biseau inversé.

La technique décrite concerne le centre du cadre avec l'image

Matériel

♦ **Un carton de fond de 2 mm.**

♦ **Un carton de 2 mm support de l'ensemble.**

♦ **Une carte bulle aux dimensions de l'image + 2 cm de marge de chaque côté.**

♦ **Deux cartons de 3 mm aux dimensions de l'image**, pour le biseau inversé.

♦ **Une carte bulle** pour l'image.

♦ **Du tissu contrecollé ou du papier** pour habiller l'ensemble.

♦ **Chutes de carton de 3 mm** pour les hausses.

♦ **Une carte bulle** pour les pentes.

Mesure du sujet et calcul de la marge

Prendre les mesures de la partie visible du sujet. Choisir une marge **M** = bord du sujet jusqu'à l'extérieur du montage (exemple 7 cm).

m = **M** – 2 cm (**m** = 5 cm), les 2 cm correspondent à la pente du biseau français inversé (schéma 94, coupe du montage).

Schéma 94.

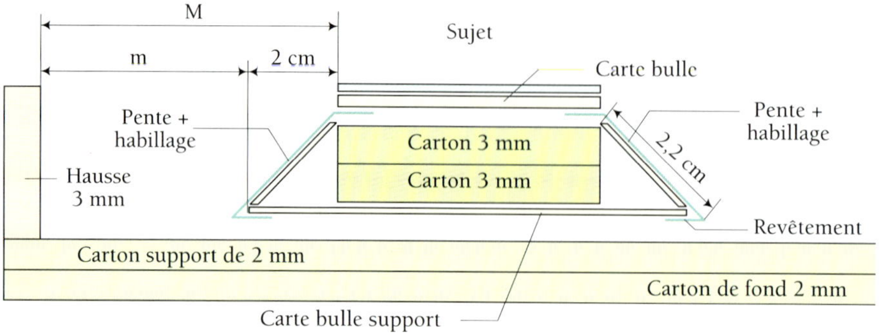

Coupe des différents éléments

Couper deux cartons de 2 mm aux dimensions extérieures du montage ; un pour le fond et un pour le support du montage.

Couper une carte bulle pour l'image et deux cartons de 3 mm aux dimensions du sujet = **FI**.

Couper une carte bulle support **FI + 2 cm de marge** de chaque côté. Vérifier l'équerrage de tous les éléments. Marquer tous les cartons avec les repères habituels **X** et **O**.

Préparation du montage

Coller les deux cartons de 3 mm entre eux, puis sur la carte bulle support plus 2 cm (schéma 95). Coller l'image sur sa carte bulle (attention, laisser en attente ; ne pas coller au montage).

Schéma 95.

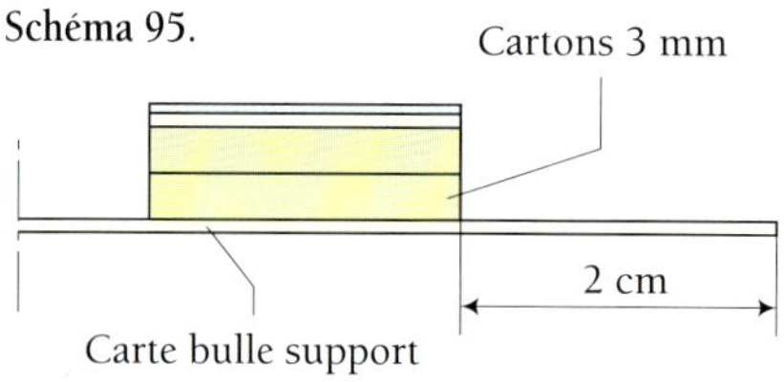

Coupe des pentes du biseau français inversé

La pente mesure en général 2,2 cm (voir *Biseau français*, p. 60) (schéma 96).

Schéma 96.

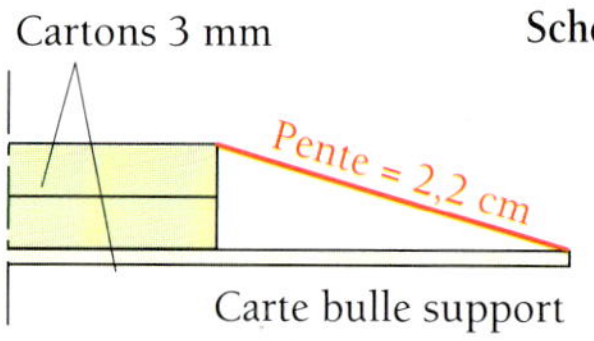

Couper quatre bandes de 2,2 cm dans la carte bulle :

– 2 hauteurs de la dimension de la hauteur de la carte bulle support ;

– 2 longueurs de la dimension de la longueur de la carte bulle support.

Couper les angles des quatre bandes en diagonale (schéma 97).

Schéma 97.

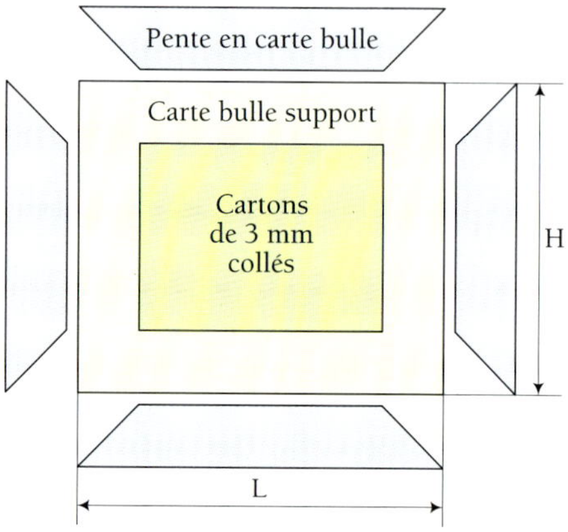

Coller ces pentes sur le revêtement choisi en laissant dépasser de 2 cm de chaque côté. Couper le revêtement (schéma 98).

Schéma 98.

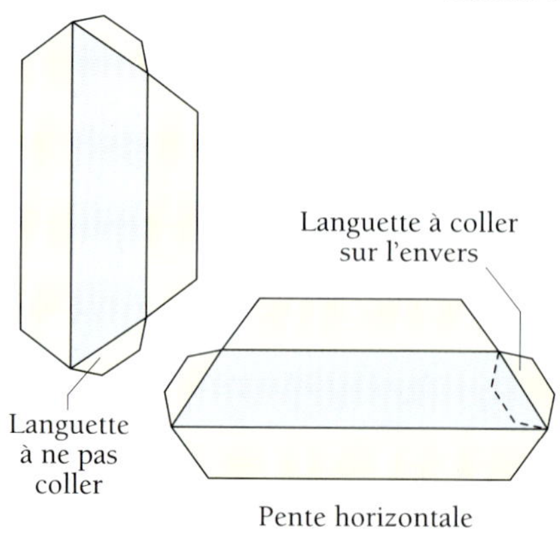

Assemblage des éléments

Coller les bandes verticales au montage (carte bulle + cartons à biseau).

Rabattre le revêtement sur le dessus du montage et sous la carte bulle support. Les languettes sont en continuité de la pente. Rabattre les languettes des pentes horizontales. Coller ces pentes au montage (par-dessus les pentes verticales).

Coller sur le biseau inversé l'image fixée sur sa carte bulle.

Reprendre le carton de 2 mm (support du montage) aux dimensions extérieures du cadre. Y coller le revêtement choisi. Positionner le montage du biseau français inversé marge **m** avec des épingles puis coller entre les repères (voir *Biseau inversé*, p. 28).Le montage des hausses dans le cadre se fait comme pour le biseau inversé. Le biseau français inversé peut se poser sur une cale.

Association de techniques

Montage en biseau inversé avec coins arrondis rentrants pour le biseau français inversé, prolongé par un biseau français coins arrondis « dépassants ». Le papier se prête particulièrement à ce montage prolongé sur le passe-partout.

Les arrondis des angles du biseau inversé sont coupés selon un cercle de 1,8 cm de rayon. La coupe des pentes en carte bulle est faite suivant le schéma 99.

Schéma 99.

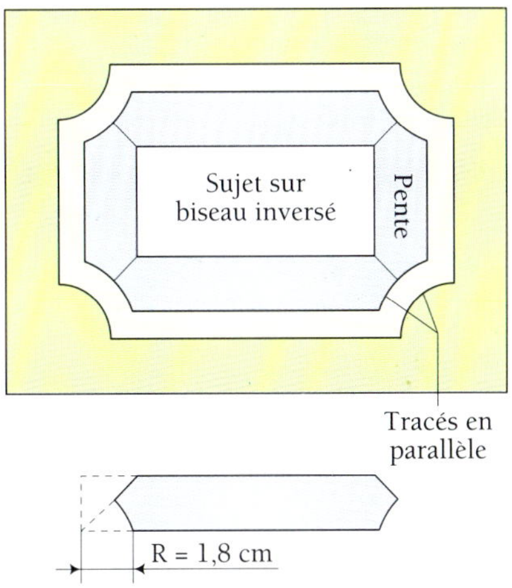

Biseau français passe-partout irrégulier

La base du montage est la même que pour le biseau français.

Le passe-partout et les cartons de 3 mm sont ouverts en polygone.

Matériel

- **Un carton de fond de 2 mm.**
- **Une carte bulle pour le sujet.**
- **Une carte bulle support ouverte aux dimensions de la fenêtre image.**
- **Deux cartons à biseau de 3 mm.**
- **Une carte bulle pour le passe-partout** (ou un contrecollé).
- **Papier ou tissu contrecollé.**

Mesure de la fenêtre-image et calcul de la marge

Mesurer la **FI** en fonction du sujet. Calculer une marge **M** totale. La marge **m** des cartons de 3 mm et du passe-partout est irrégulière.

Tracé et coupe des éléments

Tracer et ouvrir la carte bulle support selon la marge **M** (marge totale). Prendre un carton de 3 mm, faire un premier tracé à **M** et un 2ᵉ tracé à **m** (**m** = **M** – 2).

Composer votre future ouverture (schéma 100). Tenir compte des lignes de fuites de votre sujet. Choisir le polygone qui sera le plus harmonieux, en fonction du sujet.

Attention : les angles du polygone doivent se trouver à l'extérieur du tracé de la **FI**.

Couper à 90° les deux cartons de 3 mm et le passe-partout suivant la figure choisie.

Vérifier l'équerrage des éléments. Marquer tous les cartons avec un repère **X** et **O**.

Coller les cartons de 3 mm l'un sur l'autre. Puis les coller sur la carte bulle support (ouverte à **M**).

Schéma 100.

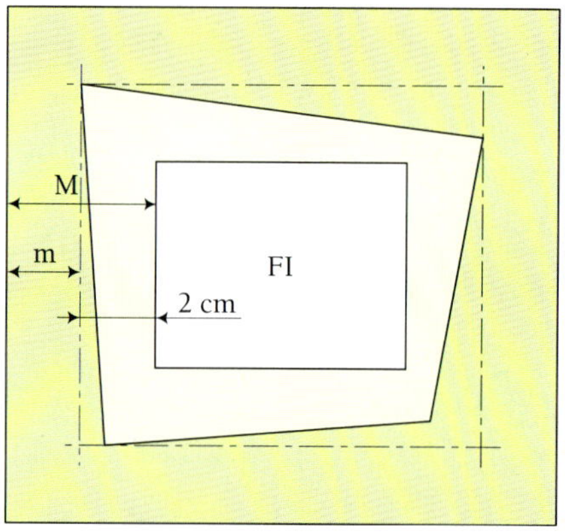

Coupe des pentes

Chaque pente est différente. Elles sont toutes taillées sur mesure.

Couper dans le papier ou tissu contrecollé choisi quatre bandes de 6 cm :

– 2 pour les hauteurs de la dimension des hauteurs de l'encadrement ;

– 2 pour les longueurs de la dimension des longueurs de l'encadrement.

Faire un trait au plioir à 1,5 cm sur l'envers des quatre bandes. Pour chaque bande, reporter la mesure de *ab* sur la pliure (schéma 101).

Mesurer la pente **P** et **P'** de chaque côté et reporter en **c** et **d** ces mesures perpendiculairement à la pliure.

Faire un deuxième trait au plioir sur l'envers de la bande, passant par **c** et **d**.

Mesurer la distance **e** et **f** des angles **X** et **Y** du dessus du montage. Reporter sur la bande.

Schéma 101.

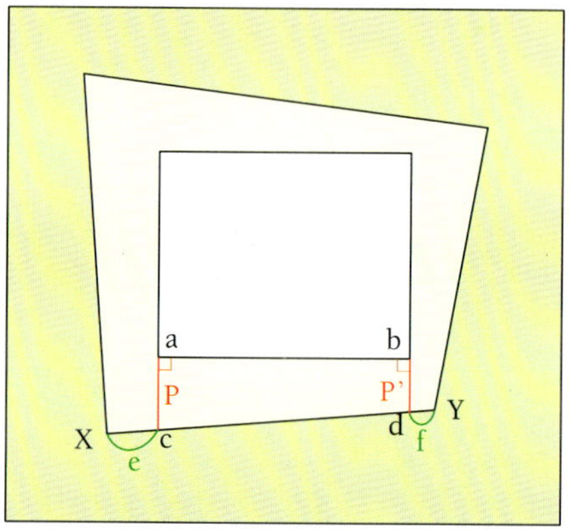

Couper en diagonale **aX** et **bY**, puis à 45° à partir de **X** et **Y** (schéma 102).

Couper les bandes horizontales suivant cette méthode.

Attention : les bandes verticales ont des languettes. Coupez-les suivant le schéma 103.

Schéma 102.

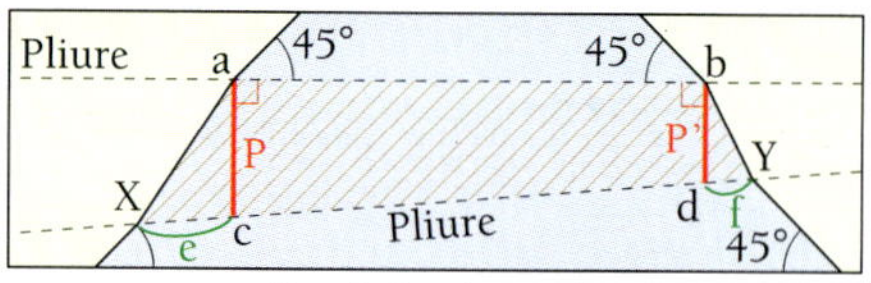

Bande horizontale

Schéma 103.

Bande verticale

Montage final

Coller les quatre bandes au montage, en commençant par les deux bandes verticales. Habiller le passe-partout et terminer comme pour le biseau français.

Ce montage peut se faire de façon concave (en creux) ou convexe (en relief). (voir *Biseau français simplifié*, p. 63).

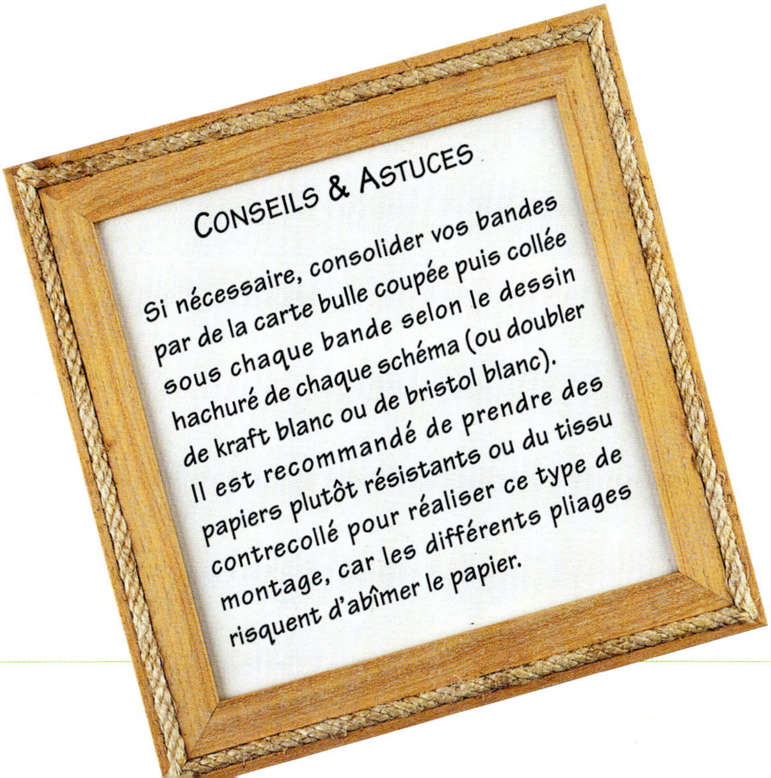

Biseau perroquet

La base du montage est la même que le biseau français. Seul diffère l'habillage des pentes qui se fait en triangle. Il permet le contraste des couleurs sur les différents biseaux, ce qui donne une multitude de finitions possibles.

Matériel

- **Même matériel que pour le biseau français.**
- **Une carte bulle supplémentaire.**

Ouverture des cartons de 3 mm et de la carte bulle fond de montage

Comme pour le biseau français ouvrir les deux cartons de 3 mm à marge **m**. Collez-les entre eux.

Ouvrir une carte bulle fond de montage à marge **M**. La recouvrir par le papier ou le tissu contrecollé choisi. Inutile de la recouvrir en plein, 3 cm de recouvrement sont suffisants, le reste étant masqué par le montage final. Attention ne pas la coller sous les 2 cartons (schémas 104 et 105).

Mesure et coupe de la carte bulle support

Faire deux tracés sur la carte bulle support : un à **m**, un à **M** (schéma 106).

Dessiner un losange à partir des quatre angles des marges **M** et **m**. Ouvrir la carte bulle support (schéma 107).

Coller cette carte bulle sous les deux cartons de 3 mm déjà assemblés.

Schéma 104.

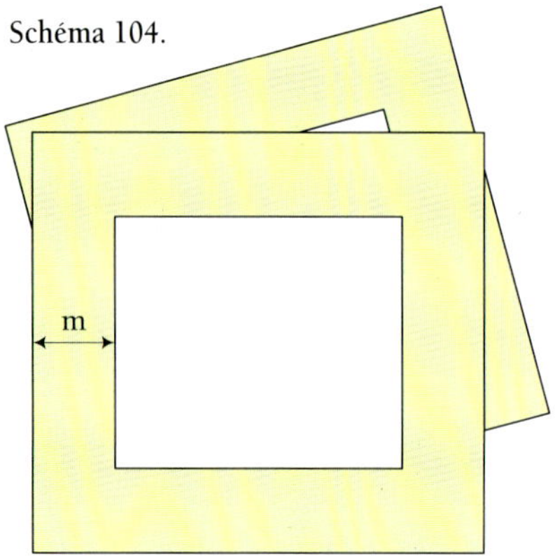

2 cartons de 3 mm

Schéma 105.

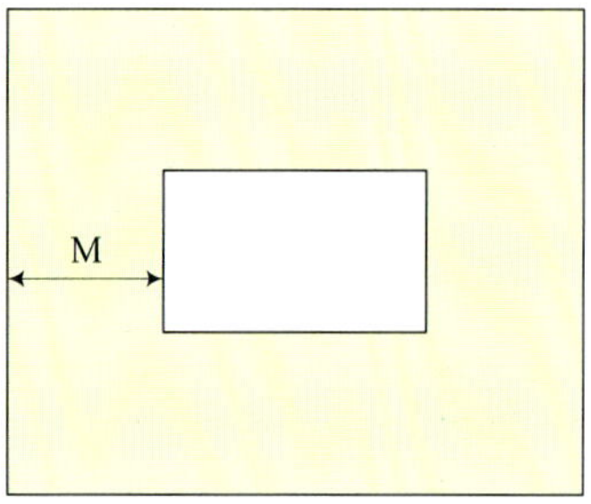

Carte bulle fond de montage

Schéma 106.

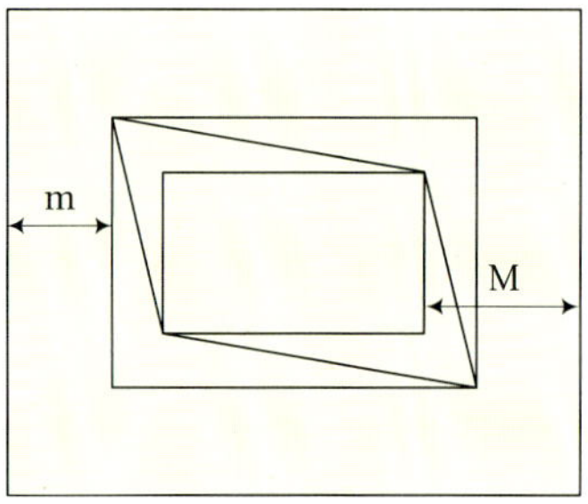

Schéma 107.

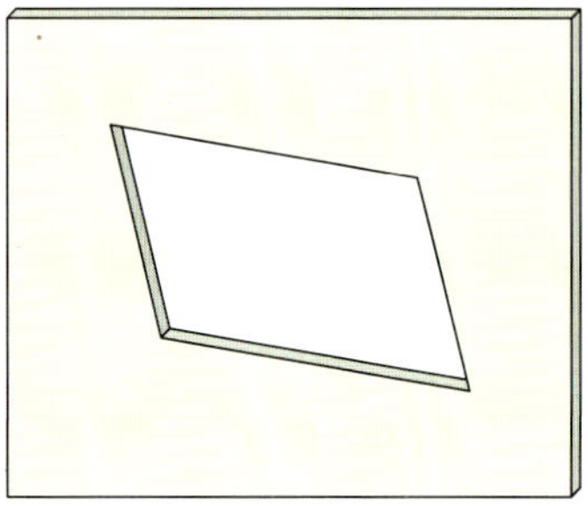

Carte bulle support

Coupe des pentes du biseau perroquet

Couper quatre bandes dans des coloris différents (deux ou plus) de 6 cm de large et de la dimension des hauteurs et des longueurs du cadre.

Pour un effet de profondeur, par exemple, travailler la perspective en utilisant un ton chaud dans l'angle inférieur gauche et un ton légèrement moins soutenu pour l'angle supérieur droit.

Faire un trait de plioir à 1,5 cm, sur l'envers des quatre bandes (voir *Biseau français passe-partout irrégulier*, p. 72).

Mesurer la distance **ab** : ouverture de la **FI** de la carte bulle support en losange.

Pour chaque bande, reporter **ab** sur la pliure (schéma 109a).

Schéma 109a.

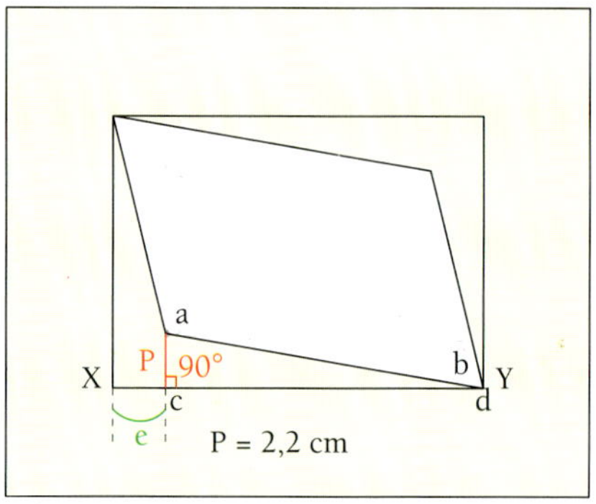

Mesurer la pente en **P** et **P'** de chaque côté et reporter en **c** et **d** ces mesures perpendiculairement à la pliure (schéma 109b).

Faire un deuxième trait au plioir sur l'envers de la bande passant par **c** et **d**. Mesurer la distance **e** de **c** à l'angle **X**. L'angle **Y** est confondu à **d**. Couper en diagonale **aX** et **bY** à 90°. Les coupes à 45° servent à remborder l'habillage sur et sous le montage (schéma 110a et b).

Couper les bandes horizontales suivant cette méthode.

Attention : les bandes verticales ont des languettes.

Schéma 109b.

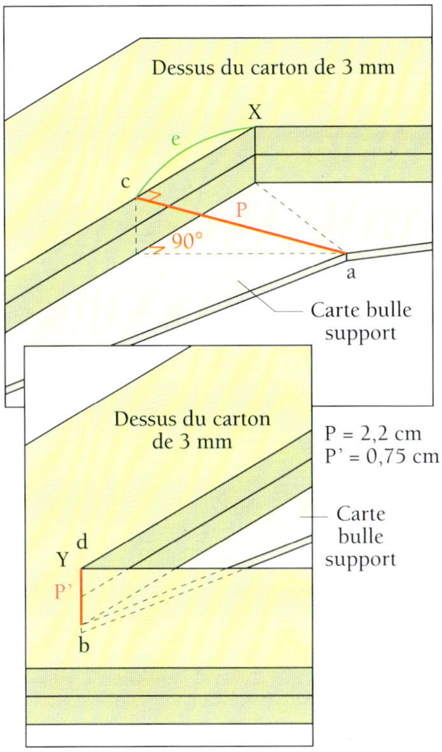

Schéma 110a.

Bande verticale

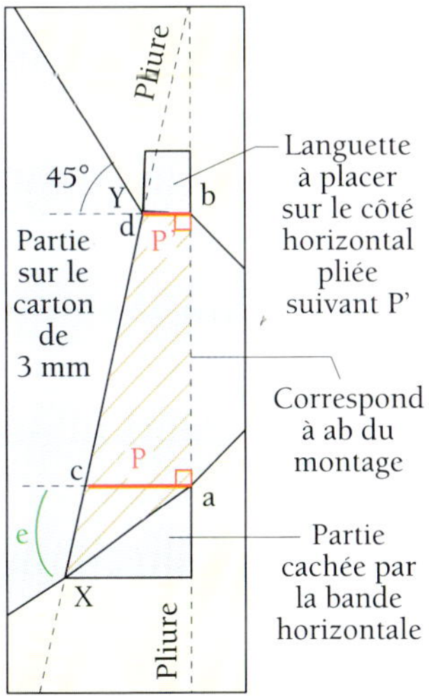

Schéma 110b.

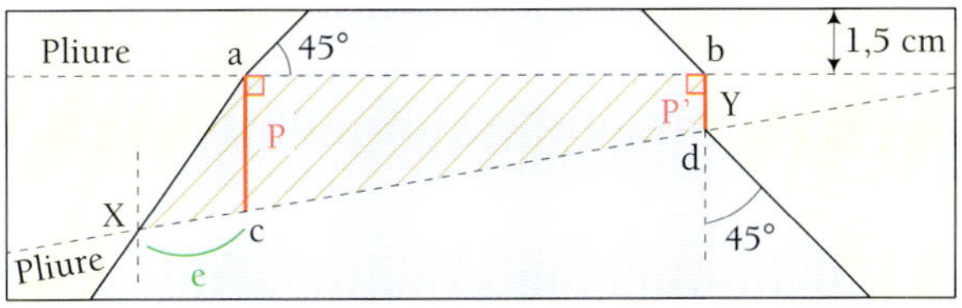

Bande horizontale

Montage final

Coller les deux pentes habillées verticales. Recouvrir par les horizontales.

Recouvrir le passe-partout, puis le coller au montage.

Terminer l'ensemble en superposant : la carte bulle fond de montage et le montage. Ce montage peut se faire de façon concave (en creux) ou convexe (en relief) (voir *Biseau français simplifié*, p. 63).

Conseils & Astuces

Si nécessaire consolider vos bandes par de la carte bulle coupée puis collée selon le dessin hachuré de chaque schéma (ou doubler de kraft blanc ou de bristol blanc). Il est recommandé de prendre des papiers plutôt résistants ou du tissu contrecollé pour réaliser ce type de montage, car les différents pliages risquent d'abîmer le papier.

Biseau fou

Comme le biseau perroquet, le biseau fou se réalise sur le même principe de montage que le biseau français.

Mais ce qui diffère c'est la découpe du passe-partout et des deux cartons à biseau (support du montage), qui représente une figure géométrique non rectangulaire.

Schéma 111.

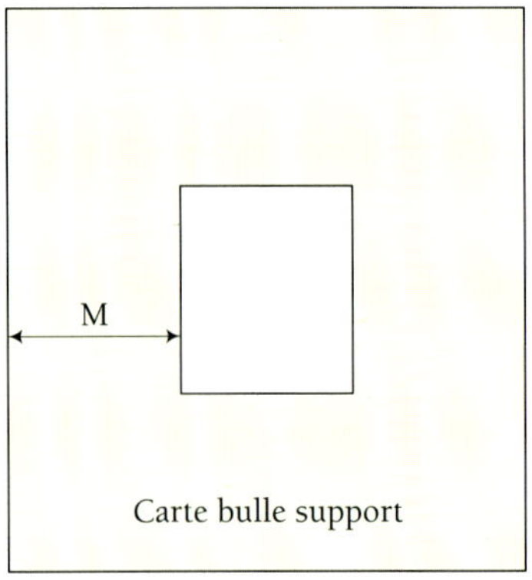

Schéma 112.

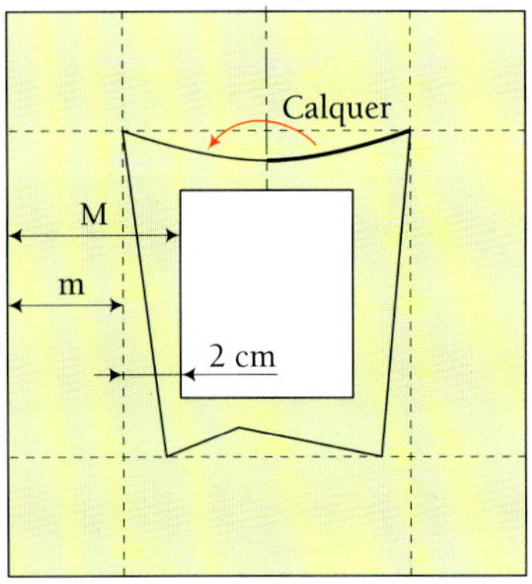

Matériel

♦ **Même matériel que pour le biseau français.**

Ouverture des cartons de 3 mm et de la carte bulle support

Toutes les coupes se font à 90°. Comme pour le biseau français ouvrir la carte bulle support à marge **M** (schéma 111).

Faire deux tracés sur les cartons de 3 mm et le passe-partout ; un à marge **m** et un à marge **M**.

Dans l'intervalle entre **M** et **m**, faire un tracé en triangle irrégulier dans le bas. Dans le haut, faire un tracé en courbe.

Diviser en deux l'intervalle et tracer une première courbe. Reporter celle-ci au calque sur l'autre côté (schéma 112).

La figure finale détermine l'ouverture.

Couper les deux cartons de 3 mm et le passe-partout suivant cette figure.

Assembler les deux cartons de 3 mm, puis les coller à la carte bulle support (schéma 113 du montage).

Schéma 113.

Ouverture des 2 cartons de 3 mm et du passe-partout

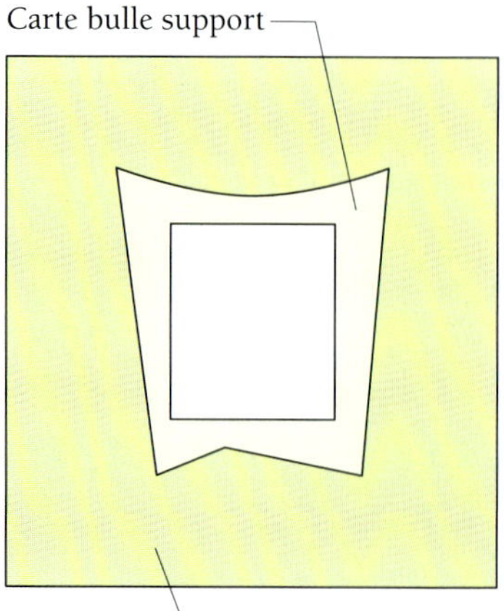

Schéma 114.

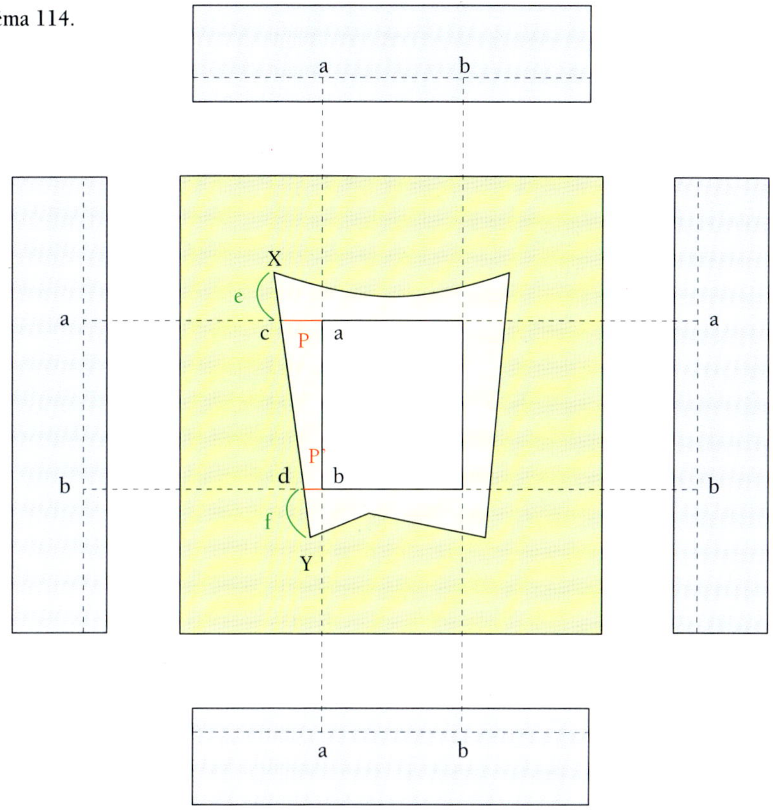

Coupe des pentes

Couper quatre bandes dans le papier ou le tissu contrecollé choisi de 6 cm de large. Leurs dimensions correspondent aux mesures des hauteurs et des largeurs du cadre. Faire un trait au plioir à 1,5 cm sur l'envers des quatre bandes (schéma 114).

Coupe des bandes verticales

Mesurer la distance **ab** ; ouverture de la **FI** de chaque côté. Pour chaque bande, reporter **ab** sur la pliure.

Mesurer la pente en **P** et **P'** à partir de **a** et **b**.

Reporter en **c** et **d** ces mesures perpendiculairement à la pliure.

Faire un deuxième trait de plioir sur l'envers de chaque bande passant par **c** et **d**.

Mesurer la distance **e** et **f** des angles **X** et **Y** du dessus du montage. Tracer **aX** et **bY** légèrement au plioir. Couper en laissant des languettes (schéma 115).

Schéma 115.

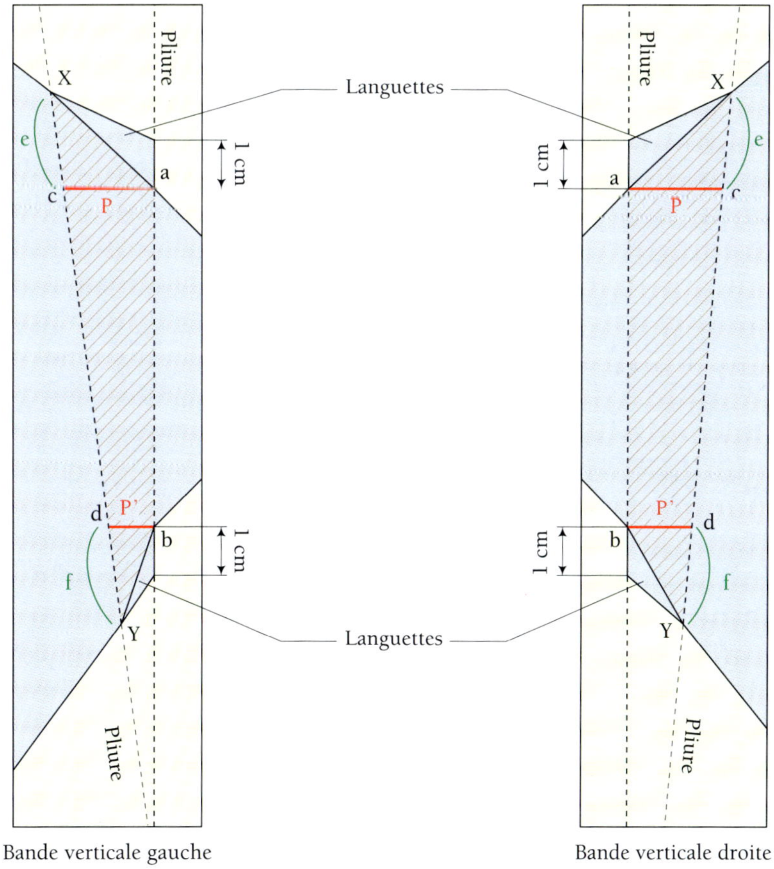

Coupe des bandes horizontales

Bande horizontale en arrondi

Comme le biseau français la pente **P** = **P'** = 2,2 cm.

e = **f** = 2 cm (**M** – **m**)

Reporter ces mesures à partir de la pliure et couper **aX** et **bY** à 45°. Appliquer la bande sur le montage (attention ne pas coller). Façonner l'arrondi, puis cranter à 1 mm de celui-ci (schéma 116).

Bande horizontale en triangle

Mesurer la pente en **P** et **P'** : distance de **a** et **b** à **c** et **d**.

Mesurer la distance **e** de **c** à **X** et distance **f** de **d** à **Y**. Faire un trait de plioir suivant **XY**. Couper à 45° à partir de **X** et **Y**.

Poser la bande sur le montage et marquer légèrement l'angle **Z** (ne pas coller).

Faire un crantage à 1 ou 2 mm de **Z** sur la partie venant s'ajuster sur le montage (schéma 117).

Assemblage des éléments

Commencer par assembler en premier les deux bandes verticales, puis les deux horizontales.

Habiller le passe-partout et le coller sur le montage.

Terminer le cadre comme pour le biseau français.

Schéma 116.

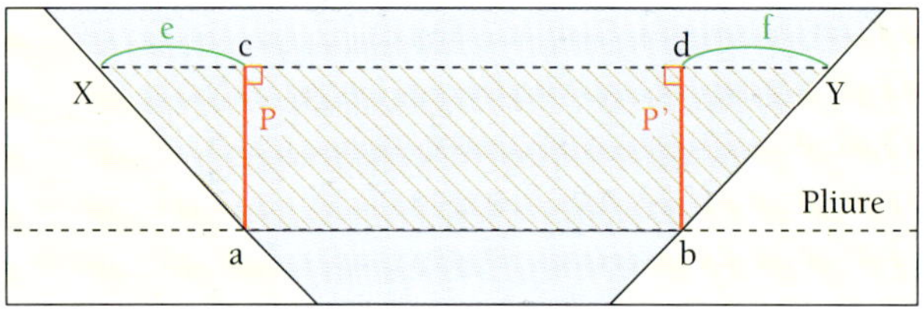

Avec e = f = 2 cm et P = P' = 2,2 cm

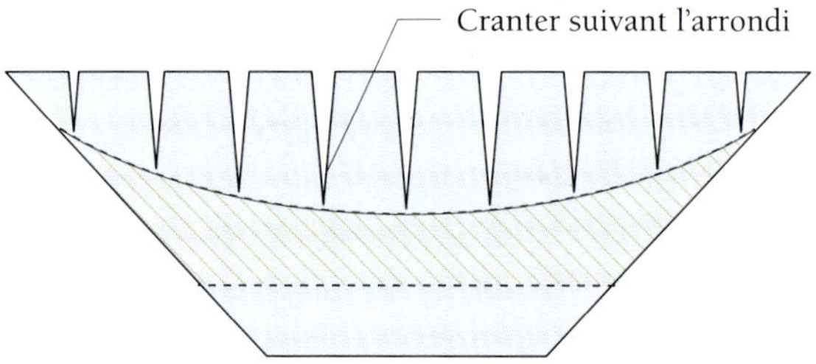

Bande horizontale du haut

Schéma 117.

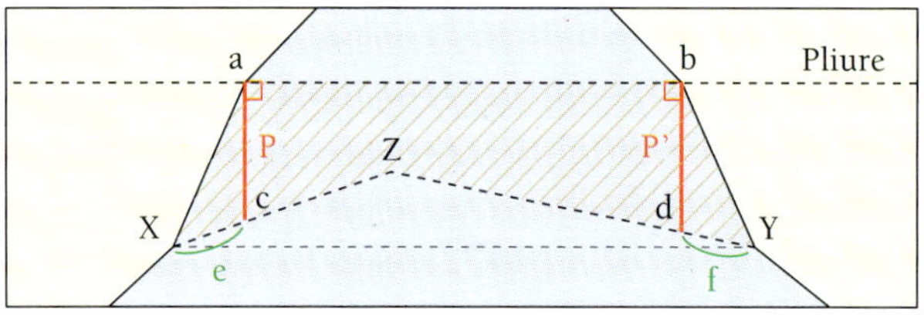

Avec e ≠ f et P ≠ P'

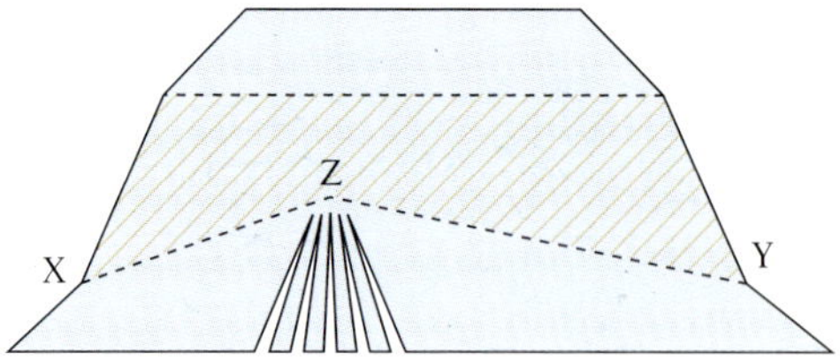

Bande horizontale du bas

Boîtage avec biseau à forte pente

C'est une application du biseau français.

Le sujet est au fond dans une boîte. Les pentes beaucoup plus grandes et profondes viennent jusqu'au bord du montage.

La largeur des pentes est d'au moins 4 cm.

La hauteur extérieure est d'au moins 3 cm.

Cette application sert au montage des vitrines.

Schéma 118.

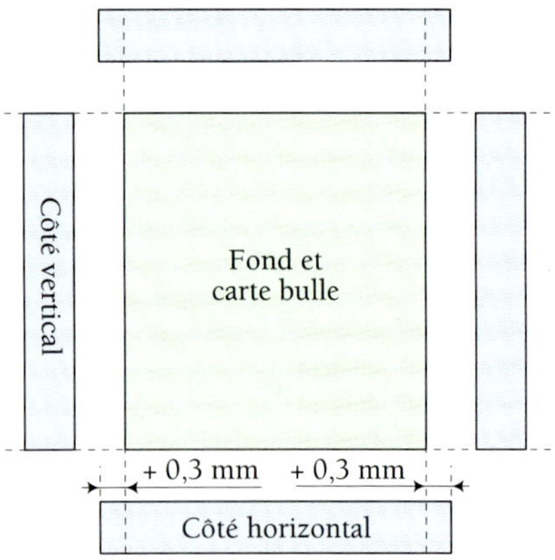

Schéma 119.

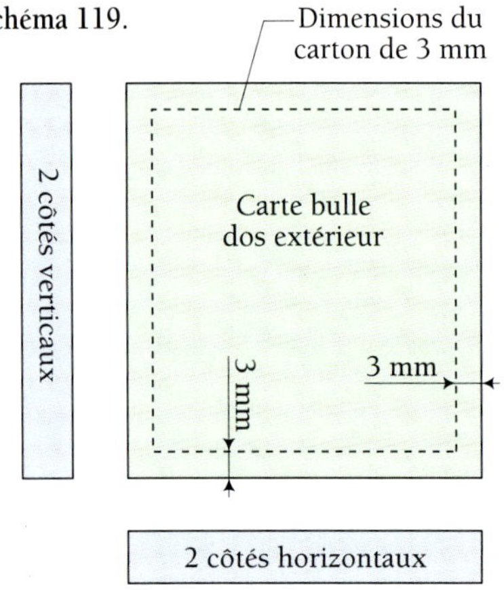

Matériel

- **Un carton de 3 mm**.
- **Une carte bulle**.
- **Du kraft gommé**.
- **Tissu contrecollé ou papier d'habillage**.

Calcul et coupe des éléments

Mesurer la fenêtre-image **FI** à partir du sujet. Déterminer la marge **M**. Couper un carton de 3 mm et une carte bulle aux dimensions choisies.

Couper dans le carton de 3 mm : 2 côtés verticaux et 2 côtés horizontaux + 6 mm (schéma 118).

Couper dans la carte bulle : 2 côtés verticaux extérieurs, 2 côtés horizontaux extérieurs et 1 carte bulle dos extérieure pour la boîte (schéma 119).

Assemblage de la boîte

Coller les deux côtés verticaux (carton de 3 mm) contre le fond (en carton de 3 mm). Krafter l'intérieur et l'extérieur de chaque côté assemblé (schéma 120).

Coller ensuite les deux côtés horizontaux (en carton de 3 mm).

Krafter l'intérieur, l'extérieur et les hauteurs intérieures et extérieures.

Coller la carte bulle dos extérieur sur le dos de la boîte. Coller le papier ou le tissu de revêtement choisi en laissant déborder de 1 cm (schéma 121).

Rabattre les excès sur les petits côtés. Fixer l'anneau (laisser en attente).

Schéma 120.

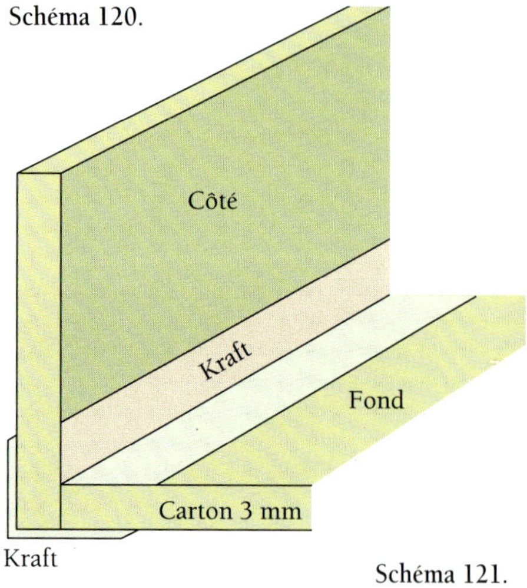

Schéma 121.

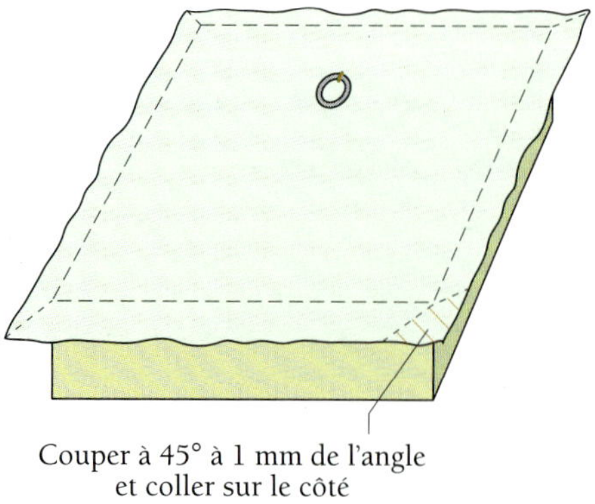

Préparation du biseau à forte pente

Repérer la marge **M** sur la carte bulle intérieure (support du sujet). Fixer le sujet sur la partie **FI**. Coller sur le fond intérieur de la boîte.

Mesurer la pente des quatre côtés. La pente se mesure du bord extérieur de la boîte jusqu'au repère marge intérieure (schéma 122).

Schéma 122.

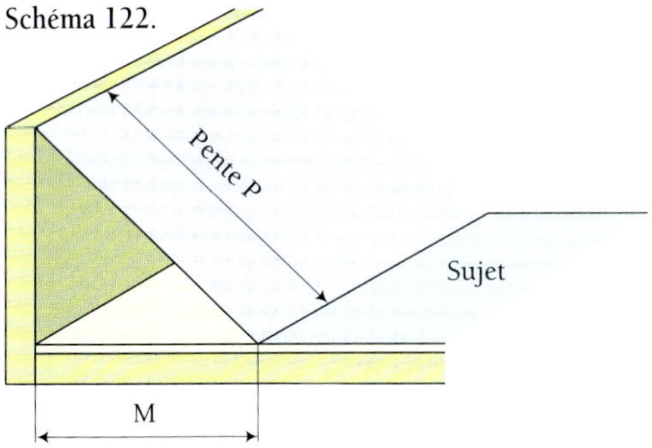

Couper dans la carte bulle : quatre bandes de la largeur de la pente ; 2 longueurs de la dimension intérieure de la boîte ; 2 hauteurs de la dimension intérieure de la boîte.

Comme pour le biseau français, les deux pentes verticales sont rectangulaires.

Les deux pentes horizontales (qui recouvrent le montage) sont taillées en biais.

Reporter la mesure **L** de la **FI** sur les deux pentes horizontales. Couper en diagonale (schéma 123).

Recouvrir les quatre pentes avec le revêtement choisi (*Biseau français habillage des pentes*, p. 62).

Habiller les deux pentes verticales. Habiller les bandes horizontales. Rabattre les languettes sur l'envers des petits côtés (schéma 124).

Schéma 123.

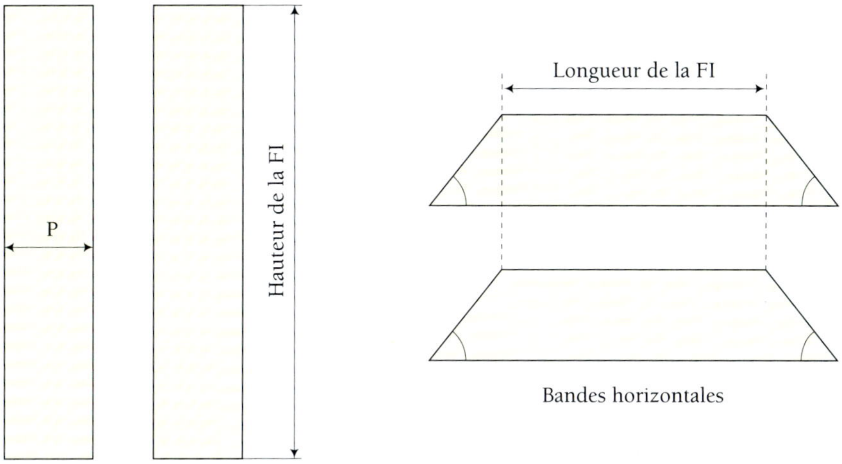

Schéma 124.

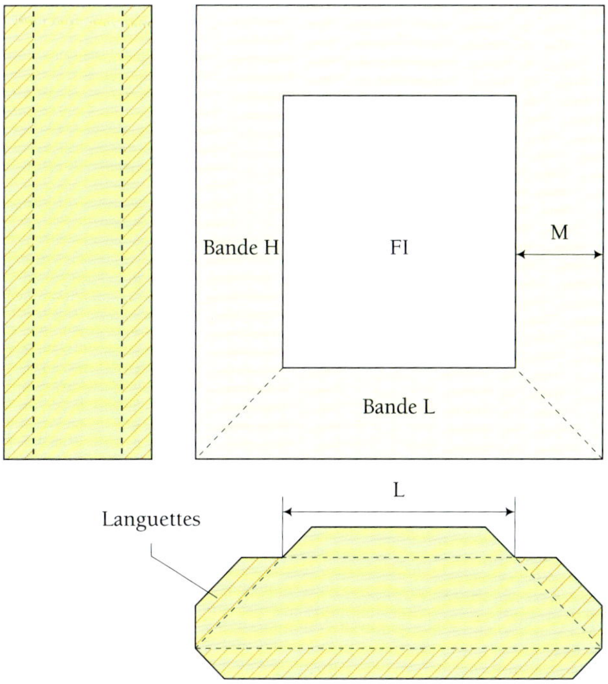

Montage final

Coller les pentes verticales sur la carte bulle support.

En bas, le surplus de papier ou de tissu est ramené côté marge et collé à l'intérieur du repère de la marge M.

En haut, coller le surplus sur le dessus de la boîte à l'extérieur de celle-ci.

Coller suivant le même procédé les pentes horizontales (schéma 125).

Schéma 125.

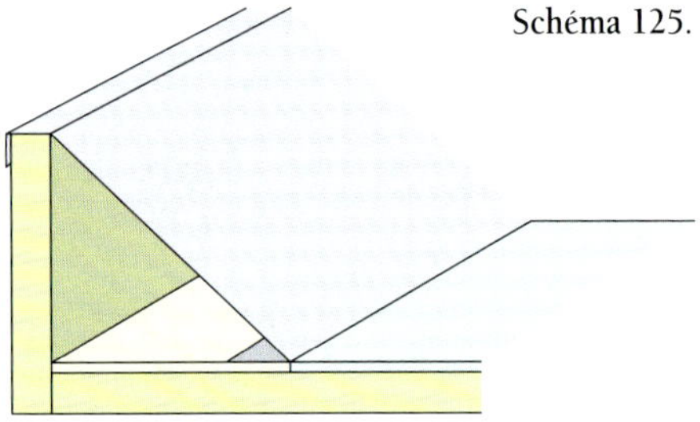

Finir le montage en collant les cartes bulles habillées sur les côtés extérieurs de la boîte de la façon suivante : recouvrir les deux côtés horitzontaux (en carte bulle). Remborder sur deux côtés. Coller sur la boîte. Rabattre les languettes sur les côtés verticaux (schéma 126).

Schéma 126.

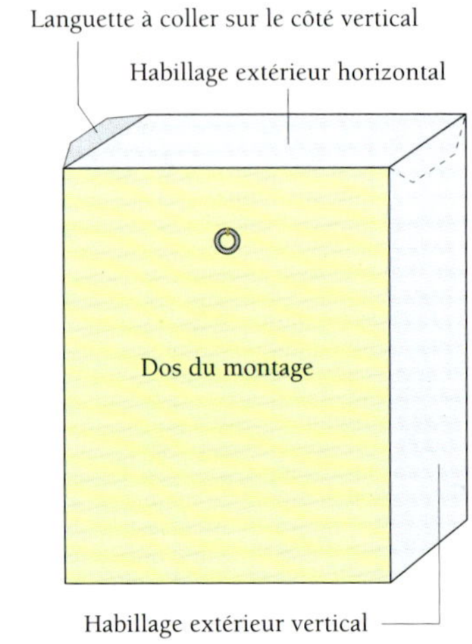

Recouvrir les deux côtés verticaux (en carte bulle). Remborder sur quatre côtés. Coller sur la boîte.

Coller le verre dans la feuillure du cadre en bois et ajuster l'ensemble au montage. Fixer l'ensemble par quelques points de colle à l'intérieur du montage ou par quelques clous.

Entre deux verres

Cet encadrement consiste à mettre un sujet entre deux verres minces de 2 mm.

Le montage présenté ici est doublé d'un biseau à 45° (montage classique), l'entre deux verres est posé dessus. La finition est identique à celle d'un cadre avec biseau.

En fonction de la dimension du sujet déterminer la fenêtre-image **FI**. Calculer la marge **M**. Couper deux verres aux dimensions totales du futur cadre.

Si le sujet n'est pas rectangulaire, prendre la plus grande longueur et la hauteur du sujet. Ajouter la marge **M** et tailler les deux verres.

Tracé de la marge et fixation du sujet

Tracer sur le premier verre la marge au feutre indélébile. Retourner celui-ci (tracé sur l'envers). Nettoyer le dessus du verre. Fixer l'image par des petits points de colle forte, dissimulés dans un dessin ou une écriture par exemple (schéma 127).

Nettoyer le second verre. Poser sur le précédent avec le sujet. Mettre quatre pinces.

Assemblage final

Couper quatre bandes de kraft gommé, deux longueurs de 8 mm de large et deux largeurs de 8 mm de large.

Schéma 127.

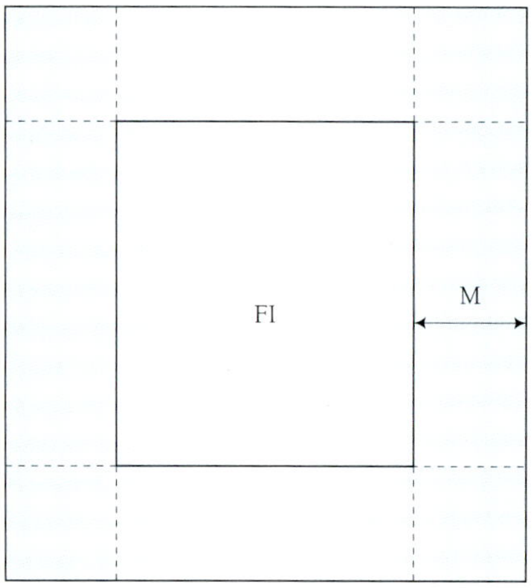

La largeur est calculée comme suit : deux verres de 2 mm + 4 mm pour remborder : **(2 x 2) + 4 mm = 8 mm**.

Mouiller une bande, la positionner sur le verre du dessus, comme pour fermer le paquet d'un cadre classique. Faire de même pour le côté parallèle, puis terminer ainsi pour les deux derniers côtés.

Fixer le paquet dans la feuillure de la baguette par quatre points de colle aux angles.

Pose de cales au dos de la baguette

Couper quatre bandes de 4 mm de large dans du carton de 3 mm, deux de la longueur intérieure du montage et deux de la largeur – 8 mm. Habillez-les d'un papier reliure. Les coller sur le dos du cadre à la limite du bord intérieur du paquet.

Poser un kraft gommé par dessus et recouvrir par une bande de papier reliure pour cacher le kraft.

Lorsque le montage est terminé, prendre le milieu du cadre en bois et fixer une bélière pour suspendre votre cadre.

Enlever les traces de feutre sur le dessous du premier verre.

Pour ajouter un filet, il suffit de délimiter une deuxième marge **m** à la suite du premier tracé **M** et de fixer le filet sur ce tracé.

Attention : doubler le papier reliure pour le filet avant de le fixer. Le filet doit être identique sur l'envers du cadre. Inutile pour un papier uni.

Travailler une baguette

À partir d'une baguette en bois brut, vous pouvez obtenir tous les effets que vous voulez. Préparer votre baguette en ponçant au papier de verre 220, puis 320 puis 400. La finition doit être parfaite pour obtenir un résultat satisfaisant.

Il est cependant possible de fabriquer vous-même votre moulure. Le cas se présente pour la réalisation de reliefs sur la baguette avec les coquillages et le trumeau et pour la réalisation de la baguette ovale (voir page 34).

Pour teinter une baguette

Utiliser de la gouache, de l'aquarelle, de l'acrylique, de la teinture à bois, du thé ou du café infusé (aspect de vieillissement)…

Utiliser de préférence des teintes à l'eau : de la terre brûlée en poudre, de la cire à dorer, de la pâte à dorer, de la poudre à dorer, de la cire incolore ou autre, du vernis au tampon, du vernis gomme laque… ; du *Fondur* pour boucher les pores du bois.

Pour passer la couleur, utiliser des pinceaux ou de la mèche de coton. Après chaque couche appliquée, il faut poncer au papier 400 (ou à la laine d'acier 00).

Pour obtenir des craquelures

Utiliser du vernis à craqueler.

Pour céruser une baguette

Utiliser des produits du commerce déjà près à l'emploi.

Pour obtenir un pore creux plus ou moins prononcé, utiliser la brosse à céruser.

Manipulez-la délicatement, suivant le résultat recherché.

Appliquer alors la céruse. Laisser sécher, poncer, puis finir par le *Fondur* éventuellement pour fixer l'ensemble.

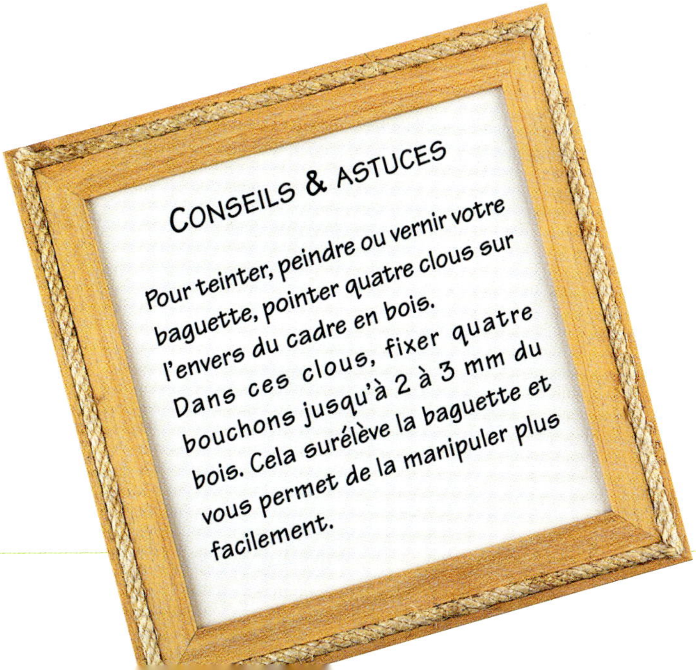

Aspect de patine dorée

Préparer une baguette en bois brut. Passer une première couche de peinture blanche acrylique. Laisser sécher. Poncer si nécessaire puis remettre une couche de blanc. Après séchage complet, tamponner à intervalles réguliers la baguette avec un morceau d'éponge trempé dans un mélange de peinture blanche teintée avec de l'ocre jaune en tube, soit un pot de yaourt de peinture blanche pour 1/2 cuillère à café de teinture ocre. Laisser sécher. Passer à la brosse ou au pinceau large de l'acrylique doré mat pour terminer (voir page 90, *Conseils & Astuces*). L'effet obtenu dépend de la quantité d'or déposé sur la baguette. L'intérêt est de laisser apparaître les deux couches précédemment déposées sur la baguette.

Aspect de gouttelettes

Prendre une baguette brute, la peindre en blanc (ou un autre coloris). Poncer. Repasser une couche de peinture à l'eau. À l'aide d'une vieille brosse à dents, asperger la baguette dans un ton choisi, en frottant votre doigt sur la brosse imbibée d'une couleur plus soutenue. Vous pouvez ajouter une deuxième teinte.

Effets de reliefs

Confection du cadre en bois

Le décor du cadre choisi ici, rappelle le coquillage central dont une « maquette pochoir » a été réalisée.

La baguette utilisée est fabriquée à partir d'une plinthe de décoration sous laquelle est fixé un tasseau à 0,7 mm du bord pour fabriquer la feuillure de la future baguette. Le tasseau est collé et cloué sur l'envers de la plinthe. Après ponçage de la baguette obtenue, la couper à la scie à onglet et l'assembler.

Passer une première couche de peinture blanche acrylique diluée à l'eau. Poncer au papier de verre 400 si nécessaire et passer éventuellement une deuxième couche de blanc dilué.

Confection du pochoir

Prendre une chute de contrecollé. Dessiner le coquillage sujet en réduction. Découper le contour au petit cutter « stylet ». Affiner si besoin le contour au papier de verre ou à la lime à ongles en carton.

Application du pochoir

Prendre les milieux des côtés de la baguette. Fixer le pochoir sur un des côtés avec du ruban adhésif repositionnable. Déposer une couche de plâtre à séchage rapide (PATAPOCH d'Éléonore Déco ou STATUROC de Rougier et Plé).

Donner un peu de reliefs en rajoutant du plâtre. Laisser sécher. Façonner avec un clou, des rayures pour donner l'effet strié du coquillage. Répéter l'opération sur les quatre côtés. Veiller à alterner le sens du pochoir.

Effets au pochoir

Reprendre une baguette brute de 3 cm de large au moins, préparer la baguette. Fixer le pochoir sur la baguette.

Passer les bâtons à l'huile (ou peinture) dans les coloris choisis. Déplacer le pochoir tout autour de la baguette. Laisser sécher au moins 24 heures.

Effets satinés

Après passage d'une teinte, laisser sécher, puis passer de la cire incolore à la mèche de coton. Au préalable, passer une petite couche de *Fondur* sur la couche de peinture.

Utilisation des poudres à lavis

Certaines poudres à lavis vendues dans le commerce permettent d'obtenir des effets de patine très intéressants.

Dans un premier temps, utiliser de la cendre sur une baguette peinte dans un ton de bleu. Répandre la cendre de façon irrégulière sur la baguette. Fixer si besoin au vernis en bombe ou vernis acrylique mat. Il est possible d'utiliser aussi un peu de *fondur* passé à la mèche de coton ou de la cire incolore.

Baguette recouverte de tissu ou de papier

Assembler la baguette. Couper dans le revêtement choisi quatre bandes de la dimension + 3 cm des 4 côtés (deux longueurs et deux hauteurs)

La largeur des bandes se mesure ainsi : prendre une bande de papier de 5 cm de large, la poser sur le contour de la baguette en commençant par le dessous, puis en la ramenant sous la feuillure de celle-ci. Mesurer et couper toutes vos bandes à cette largeur (schéma 128).

Schéma 128.

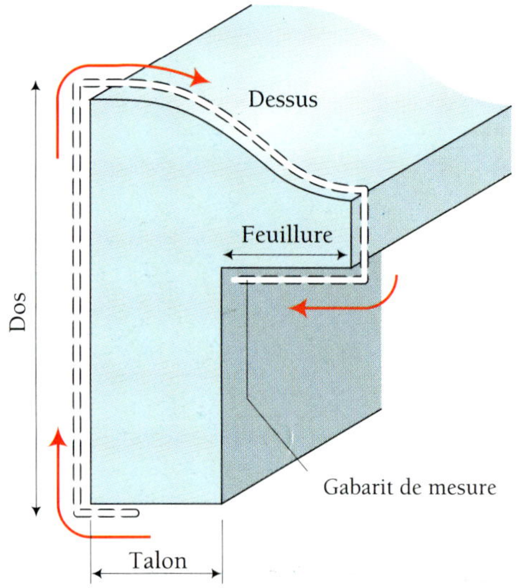

Faire un trait au plioir à plus ou moins 0,5 cm sur chaque bande.

Coupez-les à 45° dans les angles. Laisser deux languettes pour les hauteurs (voir p. 82, *Biseaux à forte pente*).

Commencer à recouvrir les côtés hauteurs. Encoller le dos de la baguette avec une colle diluée. Appliquer la bande (pliure au niveau du talon de la baguette). Marouffler. Encoller le reste de la baguette et continuer à appliquer la bande jusque sous la feuillure. Rabattre les languettes sur les deux autres côtés. Habiller les deux longueurs et couper à ras aux quatre angles extérieurs.

Passer une couche de vernis acrylique brillant ou mat de finition.

Trumeau

Un trumeau est un panneau de glace décoré et agrémenté d'une sculpture ou d'une peinture dans sa partie haute.

Le trumeau présenté ici se compose d'un cadre en bois fabriqué à partir d'une plinthe de décoration sur laquelle est fixée une moulure torsadée décorative. La partie haute est une peinture sur bois.

Coller la torsade sur la plinthe. Déborder de 1 cm pour former la feuillure de la baguette. Couper les quatre morceaux à 45° et assembler le cadre.

Mettre le cadre à l'envers. Poser le miroir dans les trois feuillures vers le bas du cadre.

Dans le haut libre du miroir, caler bord à bord, une plinthe de la largeur du cadre s'ajustant sous la feuillure verticale torsadée des deux côtés. Consolider avec un morceau de carton de 2 mm collé puis cloué (schéma 129).

Retourner l'ensemble. Coller deux petites torsades pour former la feuillure de la plinthe transversale côté miroir et côté trumeau.

Faire la finition du cadre en peinture ou lasure. Fixer le miroir au dos et krafter comme un cadre normal. Pour l'emplacement réservé au « trumeau » vous disposez de deux possibilités :

- le sujet encadré est fixé comme un cadre normal ;
- la peinture sur bois est retenue par des tournettes.

Cette solution permet de varier l'aspect de votre trumeau.

Schéma 129.

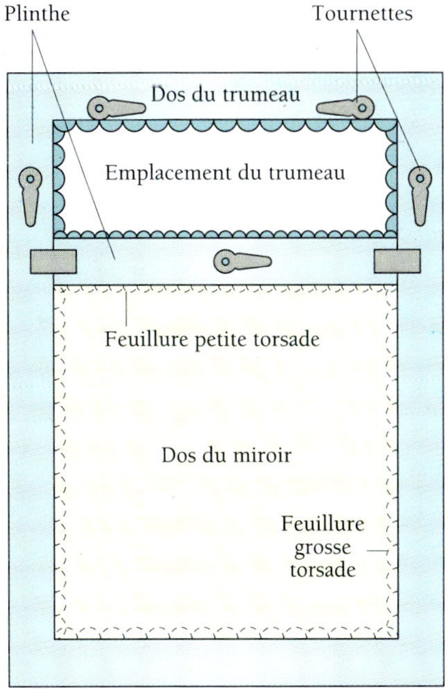

Conseils & astuces

Absorber trop de colle dans les angles d'un passe-partout : utiliser des bâtonnets de coton humidifiés. En cas de taches d'aquarelle sur le passe-partout d'un lavis, mouiller avec un bâtonnet de coton et absorber la tache avec un buvard. Utiliser de l'eau chaude, l'aquarelle disparaît plus facilement.

Adoucir un biseau chantourné : utiliser une lime à ongle en carton pour poncer les bords de coupe. Un bâton de buis (manucure) permet de remplacer le plioir dans les endroits étroits pour remborder l'habillage.

Aplanir un passe-partout recouvert de tissu contrecollé légèrement « fripé » : (cas limite) passer un fer à vapeur sur le passe-partout. Si le tissu est fragile, prendre un papier de soie pour isoler le fer du passe-partout. Mettre sous presse jusqu'au complet refroidissement.

Aplanir certains sujets gondolés : si le support le permet (s'il n'est pas trop fragile), humecter le dos de votre sujet avec une éponge humide, recouvrir avec un buvard et mettre sous presse.

Coller en plein un sujet fragile : encoller la carte bulle support en délayant votre colle avec de l'eau. Attendre quelques minutes que l'eau s'évapore, puis coller votre sujet. Maroufler avec un buvard et mettre sous presse. (voir fixer un sujet de valeur).

Connaître l'allongement du papier : préparer une bande de 3 cm de large et d'environ 10 cm de long. Posez-la sur un carton et repérer au crayon les 2 extrémités de celle-ci. Mouillez-la légèrement, puis replacez-la entre les repères faits précédemment. Si l'un des repères est masqué, cela signifie que la bande s'est allongée. Repérez la mesure de l'allongement en faisant la différence entre le nouveau repère et le 1er fait à « sec » (schéma 130).

Schéma 130.

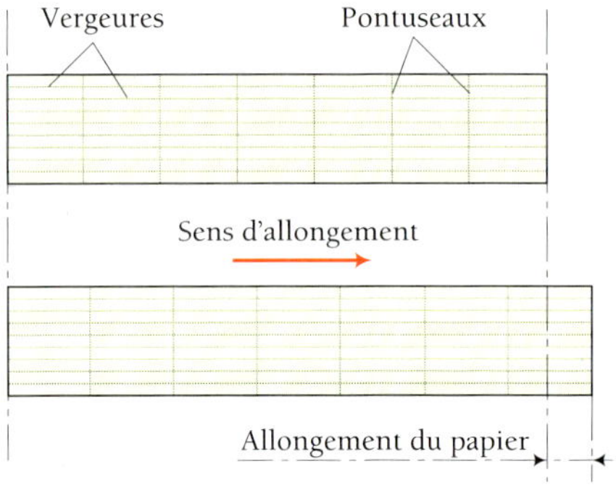

Connaître le sens d'allongement d'un papier : prendre une feuille de papier et la rouler dans un sens puis dans l'autre. Dans un sens elle se roule plus facilement (= sens d'allongement). Couper perpendiculairement au sens d'allongement. Le sens du papier et son allongement peuvent modifier légèrement vos mesures. Tenez-en compte pour calculer par exemple, la longueur des bandes servant à recouvrir vos biseaux.

Consolider le cadre assemblé à la presse à cadres par collage : à l'aide du Push master, enfoncer une agrafe à chacun des angles.

Contrecoller un tissu de votre choix : utiliser une macule. Par exemple, une feuille blanche (type feuille utilisée pour l'ordinateur). Encoller en diluant la colle à l'eau, votre macule, laisser évaporer quelques instants puis appliquer votre tissu. Maroufler et mettre sous presse.

Contrecoller un papier de votre choix : encoller une carte bulle avec de la colle légèrement diluée et humidifier le dos de votre papier avec une éponge humide. L'appliquer sur la carte bulle en marouflant. Mettre sous presse.

Couper un filet d'une largeur déterminée : poser la règle lourde au bord du papier et avec le gabarit (schéma 14) repérer la largeur de papier à couper pour le filet.

Délimiter une marge sur le passe-partout : utiliser le gabarit (schéma 12) et faire deux repères par côtés. Puis joindre les traits légèrement au crayon. Pour une marge à lavis, faire un deuxième repère à plus ou moins 1 à 2 cm du précédent.

Doubler des papiers légers : remplacer la carte bulle ou le kraft marron par du bristol blanc ou du kraft blanc. Cas des biseaux français et français simplifiés.

Faire un lavis sur tout le passe-partout (cas des lavis à l'ancienne) : utiliser un pinceau en mousse plat (environ 4 à 5 cm de large) afin de bien répartir la couleur sur l'intégralité du passe-partout préalablement humidifié. Ouvrir votre fenêtre image et faire les tracés en dernier.

Fixer un sujet de valeur sur une carte bulle : repérer l'emplacement du sujet sur la carte bulle par un léger tracé. Humidifier le dos du sujet. Laissez-le se détendre. Préparer 4 bandes de kraft blanc des hauteurs et largeurs de l'image. Positionner l'image à l'endroit repéré et encoller une première bande de kraft. L'appliquer en haut de l'image à un ou deux millimètres du bord. Maroufler à l'aide d'un buvard et poser la deuxième bande de kraft blanc en bas. Poser une troisième bande sur un des côtés du sujet et terminer en marouflant pour appliquer la quatrième bande en parallèle. Mettre sous presse jusqu'au complet séchage.

Habiller une bande de carte bulle pour un pêle-mêle : coller du biais de couture pour remplacer éventuellement le tissu contrecollé.

Ouvrir des biseaux à 45° : technique pour les gauchers, voir page 15.

Ouvrir un passe-partout en ovale ou en ellipse : utiliser le cube cutter et une règle souple dite « cobra ». Placer la règle à quelques millimètres à l'intérieur du tracé en ellipse. La fixer avec quelques picots. Ouvrir avec le cube cutter à 45° ou à 90° (selon la position de la lame) en le plaçant contre la règle.

Poser deux anneaux : cas d'un carton de fond très grand. Poser les anneaux au tiers de la hauteur du carton et à 5 à 7 cm ou moins des bords extérieurs. Faire un nœud de tableau suivant le schéma 131 (ci-contre).

Poser un filet en arrondi : couper le filet droit dans le sens d'allongement du papier de quelques millimètres de large en suivant la règle et le gabarit (schéma 14 cadre avec biseau). Façonner le papier en arrondi au-dessus d'une source de vapeur. Encoller une plaque de verre et passer le filet obtenu sur la colle. Posez-le sur votre passe-partout cm par cm en suivant la courbe tracée à l'aide du plioir.

Remplacer deux cartons de 3 mm : cas des montages des biseaux français et dérivés : utiliser du carton plume ou à défaut du dépron (polystyrène d'épaisseurs différentes) vendu dans les magasins de bricolage.

Renforcer un montage convexe d'un biseau français : rouler sous les pentes une feuille de papier ou combler l'espace par du molleton d'ameublement roulé.

Repérer l'ouverture de la fenêtre image sur le passe-partout : utiliser des picots pour fixer le pavé central du carton à biseau, posé sur l'envers du passe-partout (schéma 9). Pour un cadre sans biseau, repérer la marge sur l'envers du passe-partout avant de l'ouvrir.

Surélever une baguette pour la teinter : fixer 4 clous aux 4 angles de la baguette assemblée, eux-mêmes enfoncés dans 4 bouchons.

Teinter une baguette irrégulièrement : couper en « dents de scies » les poils d'une brosse 14 ou 16 selon la largeur de la baguette. Ainsi la couleur se répartit irrégulièrement.

***Tracer un écoinçon au tire-ligne ou au stylo* Art-pen** : prendre la règle « cobra » et suivre l'arrondi tracé au tire-ligne.

Vieillir un papier : le tremper dans un jus de thé ou de café. Si le papier est fragile, passer sur l'envers ce jus, à l'aide d'une éponge ou d'un chiffon. Poser le papier sur une plaque de verre. Laisser évaporer et mettre sous presse entre deux buvards blancs de préférence.

Schéma 131.

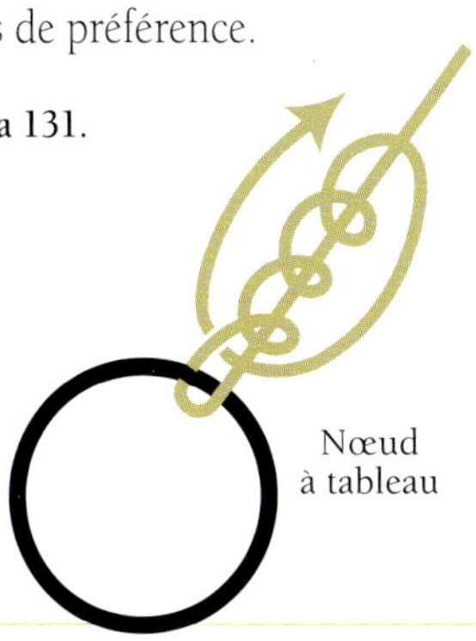

Lexique

Biseaupratic : outil en métal facilitant le repérage sur les bandes à biseau.

Carfix : carton dont un côté pré-encollé permet de fixer un document après avoir retiré la pellicule de protection.

Carton bois : carton au ph neutre de couleur beige de différentes épaisseurs : 3 mm carton dit à biseau ; 2 mm carton dit de fond ; 0,7 à 0,8 mm carte bulle ou cartonnette.

Carton plume : feuille de polystyrène collée entre deux feuilles de papier.

Chasse-clou : outil en métal permettant d'enfoncer des clous à l'aide d'un marteau.

Coller en plein : encoller tout le support.

Contrecollé : papier de couleur et de qualité différentes collé sur un support et prêt à l'emploi.

Dépron : feuille de polystyrène de différentes épaisseurs.

Écoinçon : triangle dont l'hypoténuse est en arc de cercle.

Fenêtre-image : partie visible du sujet.

Feuillure d'une baguette : partie qui s'applique sur le paquet ou sur le bord du verre.

Fondur : produit liquide pour boucher les pores du bois, utilisé en ébénisterie.

Marge : intervalle entre le bord du sujet et l'extérieur de l'encadrement.

Marie-Louise : baguette de bois plate recouverte en général de tissu, de papier ou de velours, s'appliquant directement sous la baguette de finition.

Maroufler : coller sur un support de renfort (en encadrement généralement du carton bois 7/10e) une peinture, un dessin ou une reproduction en exerçant un fort pressage dirigé du milieu vers les extrémités.

Le terme maroufler dans notre contexte, s'associe avec l'action de fixer un sujet sur son support en le plaquant fermement pour chasser les bulles d'air.

Moulure : baguette.

Papier de verre : 400 très fin, 320 moyen ; 220 fin.

Paquet : montage des différents éléments de l'encadrement, fermé par un papier pré-encollé : kraft de 24 mm d'épaisseur mouillé à l'eau et appliqué à 1 mm sur le dessus du verre. Cela évite aux poussières de pénétrer dans le cadre.

Passe-partout : partie du montage qui entoure le sujet, délimitée par la marge.

Pêle-mêle : fenêtres ou ouvertures différentes permettant l'insertion de plusieurs sujets (photos, images...).

Pontuseaux : lignes les plus espacées apparaissant sur un papier à ligne type vergé (voir schéma 130, *Conseils & Astuces*, page 90).

Push-master : appareil servant à enfoncer des agrafes en L dans le dos des baguettes.

Règle d'or : application d'un calcul proportionnel défini par le schéma de la page 13 (pour calculer une marge précise). Il s'applique cependant à partir de 5 cm de marge sur les 3 côtés et 8 cm en bas et plus fréquemment pour 8 cm de marge sur les 3 côtés et 13 cm en bas. On peut le décliner ainsi jusqu'à 13 cm et plus, mais après la marge très importante est réservée à de très grands encadrements.

Tire-ligne : instrument permettant par un réglage de tracer des traits de différentes épaisseurs.

Tissu contrecollé : tissu collé sur une feuille et vendu prêt à l'emploi.

Vergeures : lignes les plus rapprochées apparaissant sur un papier à ligne type vergé (voir schéma 130, *Conseils & Astuces*, page 90).

Remerciements

Colette Bidault, *ma mère*

Nigel Edwards,
Thierry Guillemot,
S. Hely,
Domitille Heron,
Jean-Benoît Heron,
Anne-Odile Huet-Humeau,
Patricia et Philippe Legendre, artistes peintres à Étampes,
Nicole Massiaux,
Dominique Rigaudie,
Claudine Romey,
pour leurs aquarelles et œuvres supports de mes encadrements.

Les ÉDITIONS DU DÉSASTRE
pour les planches de botanique de Vilmorin.

Les magasins ÉCLAT DE VERRE pour le matériel
et particulièrement les frères Lemonnier
pour le lancement du **Biseaupratic**.

ÉLEONORE DÉCO pour mes pochoirs d'encadrement.

FRAMECO FRANCE pour le Push master.

Charlie Abad pour les photos.

L'Atelier Gérard Finel pour la mise en pages.

Jean-Pierre Magnier pour l'adaptation technique des schémas.

Tous les encadrements présentés et les schémas ont été réalisés par l'auteur.

◆

Dominique Martignole
a obtenu plusieurs prix d'encadrement.

En particulier, un prix spécial de Créativité
lui a été décerné en 1993 pour *La pyramide de verre*.

Bonnes adresses

Pour connaître l'adresse de ces magasins dans votre région,
appeler les numéros suivis d'une étoile (*).

CADR'ART
Centre commercial Alma – 35000 Rennes
Tél. : 02 99 32 21 09

LA FEUILLURE
13, rue du Cdt Nismes – 92500 Rueil-Malmaison
Tél. : 01 47 51 18 10

LA THÉIÈRE DE BOIS
5 bis, rue Exelmans – 78000 Versailles
Tél. : 01 39 53 72 85

L'ÉCLAT DE VERRE
Tél. : 01 30 83 27 70*
www.eclatdeverre.com

LOISIRS ET CRÉATION
Tél. : 01 41 80 64 00*

PASSE-PARTOUT
270, avenue Patton – 35700 Rennes
Tél. : 02 99 63 82 59

ROUGIER ET PLÉ
Tél. : 01 64 54 70 00*
www.rougieretplé.fr

TRUFFAUT
Service Consommateurs, Parc Léonard de Vinci
Avenue des Parcs – CP 8015 Lisses – 91008 Évry Cedex
Minitel : 3614 Truffaut
www.truffaut.com

◆

Photos
Charlie Abad

Conception et mise en pages
Atelier Gérard Finel
3, rue Lacépède – 75005 Paris

Photogravure
R.VB. Éditions
201, avenue Pierre Brossolette – 92120 Montrouge

Aubin Imprimeur, 86240 Ligugé. — D.L. juillet 2002. — Impr. P 63675